Mottier
Sexualität

Verlag Hans Huber

Programmbereich Psychologie

W0059448

HUBER

Véronique Mottier

Sexualität

Eine sehr kurze Einführung

Aus dem Englischen
von Jürgen Neubauer

Verlag Hans Huber

Programmleitung: Tino Heeg
Herstellung: Adrian Susin
Umschlaggestaltung: Anzinger | Wüschner | Rasp, München
Druckvorstufe: punktgenau GmbH, Bühl
Druck und buchbinderische Verarbeitung: Finidr, s. r. o., Český Těšín
Printed in Czech Republic

Bibliografische Information der Deutschen Nationalbibliothek
Die Deutsche Nationalbibliothek verzeichnet diese Publikation in der Deutschen Nationalbibliografie; detaillierte bibliografische Daten sind im Internet über http://dnb.d-nb.de abrufbar.

Anregungen und Zuschriften bitte an:
Verlag Hans Huber
Lektorat Psychologie
Länggass-Strasse 76
CH-3000 Bern 9
Tel: 0041 (0)31 300 4500
Fax: 0041 (0)31 300 4593
verlag@hanshuber.com
www.verlag-hanshuber.com

Die englische Originalausgabe erschien 2008 unter dem Titel «Sexuality: A Very Short Introduction» bei Oxford University Press.
© Véronique Mottier 2008

1. Auflage 2015
© 2015 by Verlag Hans Huber, Hogrefe AG, Bern
(E-Book-ISBN [PDF] 978-3-456-95329-8)
(E-Book-ISBN [EPUB] 978-3-456-75329-4)
ISBN 978-3-456-85329-1

Inhalt

Einleitung

In unserer modernen Gesellschaft ist die Sexualität buchstäblich allgegenwärtig. Ratgeberseiten, Prominente, Kummerkästen, Talkshows, Fernsehprediger, Beziehungstherapeuten, Selbsthilfeliteratur sowie Frauen- und Männerzeitschriften erklären uns, wie wir unsere Intimbeziehungen zu leben haben. Sexuell aufgeladene Bilder sollen uns zum Kauf von Konsumobjekten wie Autos und Kleider und sogar Sex verführen, und im Internet sind Sexspielsachen, Pornografie und potenzielle Sexualpartner per Mausklick verfügbar. Heute wimmelt es nur so von Menschen, die sich selbst als Schwule, Lesben, Heteros, Bisexuelle, Bi-Interessierte, Exhibitionisten, Masochisten, Dominas, Swinger (die Partner tauschen), Switcher (die zwischen homo- und heterosexuell wechseln), Trader (Schwule, die mit Hetero-Männern schlafen), *born-again virgins* (Menschen, die sexuelle Erfahrungen gemacht haben, aber nach einem Gelöbnis bis zur Ehe jeden weiteren Geschlechtsverkehr einstellen), Acrotomophile (die sich sexuell zu Menschen mit Amputationen hingezogen fühlen), Furverts (die sexuell erregt werden, indem sie sich als Tiere verkleiden) oder Feeder (die ihre in der Regel übergewichtigen Partner füttern) bezeichnen. Das Entscheidende dabei ist, dass wir auf diese Kategorien zurückgreifen, um uns selbst zu verstehen: Wir definieren uns heute zu einem Gutteil über unsere Sexualität. Aber wie kommt es, dass die Sexualität für unser Selbstverständnis derart zentral geworden ist? Wie wir in diesem Buch sehen werden, ist diese Verknüpfung der «Sexualität», verstanden als einer subjektiven Erfahrung von Körper, Lust und Begierden, mit einer «sexuellen Identität» ein neues Phänomen, das erst im Europa des 18. und 19. Jahrhunderts aufkam. Was nicht bedeuten soll, dass Menschen ihre Sexualität nicht auch schon vorher auf unterschiedliche Weise gelebt hätten. Es bedeutet lediglich, dass sie ihre erotischen Erfahrungen auf eine Weise erlebt haben, die sich radikal von unserem heutigen Verständnis der Sexualität unterscheidet.

Sexualität ist ein Produkt der Kultur. So wie sich die Unterschiede zwischen Männern und Frauen nicht auf die Biologie reduzieren lassen, sondern auch die unterschiedlichen gesellschaftlichen Rollen umfassen, die verschiedene Kulturen mit Männlichkeit und Weiblichkeit verbinden, ist Sexualität keine natürliche, biologische und allgemeingültige Erfahrung. Verschiedene Kulturen und Epochen haben erotische Lust und Risiken auf jeweils ganz eigene Weise verstanden. Die Sexualität wird immer durch gesellschaftliche und politische Kräfte geprägt und hängt immer auch mit den Machtverhältnissen zwischen Klassen, Ethnien und vor allem den Geschlechtern zusammen. Dieses Buch geht daher auf die enge Beziehung zwischen Sexualität und Geschlechterrollen ein und zeigt, wie unser kulturelles Verständnis der Sexualität durch normative Vorstellungen von Männlichkeit und Weiblichkeit – also Vorstellungen von «korrekten Verhaltensweisen» für Männer und Frauen – geprägt wurde.

Vor diesem Hintergrund beschäftigt sich dieses Buch mit den gesellschaftlichen und politischen Dimensionen der Sexualität sowie mit den Auseinandersetzungen, die in jüngster Zeit vor allem im Westen um dieses Thema geführt wurden. Es geht also weniger um konkrete sexuelle Praktiken als vielmehr darum, die Sexualität als gesellschaftliche und politische Frage zu verstehen. Kapitel 1 stellt historische Vorstellungen der Sexualität in der Antike und im Christentum vor, während sich Kapitel 2 mit modernen Theorien und Kontroversen rund um die Sexualität beschäftigt. Die weiteren Kapitel gehen auf die Sexualität als Schauplatz verschiedener gesellschaftlicher und politischer Auseinandersetzungen ein; sie beschreiben den Angriff «von unten» in Form der feministischen Kritik der Sexualität (Kapitel 3), die Regulierung der Sexualität «von oben» durch den Staat (Kapitel 4) sowie homosexuelle Politik, fundamentalistisch-religiöse Bewegungen und die Zukunft der Sexualität (Kapitel 5).

Kapitel 1

Vor der Sexualität

Männliche Löwen begehren keine männlichen Löwen, denn Löwen betreiben keine Philosophie.

LUCIAN, 4. JAHRHUNDERT

Sexualität in der Antike

In seinem Dialog *Das Gastmahl* lässt der griechische Philosoph Platon den Dichter Aristophanes eine Geschichte über die Herkunft der Menschheit erzählen. Aristophanes erklärt, die Menschen stammten von Kugelwesen ab, die ihre Genitalien außen tragen, vier Hände, vier Füße und zwei Gesichter haben und drei Geschlechter kennen: das erste mit zwei männlichen Geschlechtsorganen, das zweite mit zwei weiblichen Geschlechtsorganen und das dritte, die Hermaphroditen, mit einem männlichen und einem weiblichen Geschlechtsorgan. Im Laufe der Zeit seien diese Wesen übermütig geworden, weshalb Zeus sie zur Strafe in zwei Teile zerschnitten habe. In diesem Zustand «schlangen sie die Arme umeinander und hielten sich umfasst, voller Begierde, wieder zusammenzuwachsen, und so starben sie vor Hunger und Vernachlässigung ihrer sonstigen Bedürfnisse, da sie nichts getrennt voneinander tun mochten». Aus Mitleid mit diesen Kreaturen habe Zeus einen neuen Plan ersonnen und ihre Genitalien nach vorn verlegt, sodass sie Geschlechtsverkehr miteinander haben konnten. Jeder von uns sei daher nur ein halber Mensch, der seine andere Hälfte suche: Männer, die von einem Hermaphroditen abgetrennt worden seien, sehnten sich nach einer Frau; Frauen, die von einem rein weiblichen Wesen stammten, «richten ihren Sinn nur wenig auf die Männer, sondern wenden sich weit mehr den Frauen zu»; und Männer, die aus einem männlichen Körper hervorgegangen seien, bevorzugten Männer und hätten schon als Knaben «Freude daran, neben den Männern zu ruhen und von Männern umschlungen zu werden, weil sie die mannhaftesten von Natur sind».

Die Geschichte des Aristophanes wurde zu einem legendären Schöpfungsmythos – doch was genau bedeutet sie? Bei oberflächlicher Betrachtung könnte man zu dem Schluss kommen, die Griechen hätten geglaubt, dass einige Menschen nur Angehörige ihres eigenen Geschlechts begehrten. Dem widersprechen jedoch viele Altphilologen, die darauf hinweisen, dass Platon diese Geschichte nicht umsonst dem Komödienschreiber Aristophanes in den Mund gelegt hat, der für seine absurden Vorstellungen wie das Parlament der Vögel und die politische Mitbestimmung von Frauen bekannt war. Den meisten Menschen der griechisch-römischen Antike wäre es nämlich mehr als sonderbar erschienen, die Menschen nach sexuellen Präferenzen einzuteilen. Die Antike war alles andere als eine sexuell freizügige Kultur, im Gegenteil, die Sexualmoral zeichnete sich durch strenge moralische Regeln und Gesetze aus. Doch die Moral richtete sich vor allem auf sexuelle Praktiken und nicht auf das Objekt der Begierde. Die Menschen der Antike definierten sich nicht über ihre sexuelle Identität; wie wir noch sehen werden, war die Kontrolle von Geschlechterrollen viel entscheidender für sie. Das steht in markantem Gegensatz zu unseren modernen Versuchen, unsere sexuellen Erfahrungen zu verstehen. Kategorien wie Homosexualität und Heterosexualität sind für unser Verständnis unserer Sexualität entscheidend. In diesem Sinne beschrieben Historiker wie Michel Foucault, Paul Veyne, David Halperin oder John Winkler die Antike als eine Welt «vor der Sexualität». Die Antike hatte eine radikal andere Auffassung der Sexualität und wies ihr völlig andere kulturelle Bedeutungen zu, als wir dies heute tun.

Natürlich war die sexuelle Kultur der Antike alles andere als homogen. Verschiedene Regionen und Epochen konnten sich ganz erheblich voneinander unterscheiden, und eine kurze Einführung wie diese kann diesen zahlreichen Nuancen natürlich nicht Rechnung tragen. Daher werden wir uns in diesem Kapitel auf das klassische Athen und Rom beschränken. Ein Blick auf die Auffassungen der Athener und Römer bietet einen interessanten Ansatzpunkt und einen Spiegel, um unser eigenes Verständnis der Sexualität kritisch zu betrachten.

Die Sexualkultur des klassischen Athen muss vor dem sozio-politischen Hintergrund der Zeit betrachtet werden. Die griechische Gesellschaft basierte auf der politischen und gesellschaftlichen Herrschaft einer kleinen Elite erwachsener männlicher Bürger; Athener Frauen und Kinder genossen einen untergeordneten gesellschaftlichen Status und hatten keine politischen Rechte, und Einwanderer und Sklaven hatten überhaupt keine Bürgerrechte. Genauer gesagt hatten Athener Frauen den Status von Minderjährigen und verbrachten ihr Leben unter der Vormundschaft eines männlichen Verwandten. Angesichts der gesellschaftlichen Vormachtstellung der männlichen Bürger stand die männliche Lust im Mittelpunkt der Sexualkultur. In der Antike waren phallozentrische Vorstellungen verbreitet, die den Geschlechtsverkehr ausschließlich als Penetration definierten. Küsse, Zärtlichkeiten und andere Berührungen wurden zwar als Ausdruck der Liebe gewürdigt, doch sie gehörten nicht zum Geschlechtsverkehr. Dieser wurde nicht über Beziehungen definiert, also als gemeinsame Erfahrung emotionaler Intimität, sondern ausschließlich als Penetration, also als etwas, das der Mann der Frau zufügt. Die körperliche Lust oder auch nur die aktive Teilnahme der

Frau galten als nebensächlich. Dieser Vorstellung zufolge benutzten Männer die Penetration zur Herrschaft und Kontrolle der unterworfenen Partnerin. Der Geschlechtsverkehr spiegelte die gesellschaftlichen und politischen Machtverhältnisse wieder, da Männer ihren gesellschaftlichen Status als Bürger in den Arenen das Krieges, der Politik und des Geschlechtsverkehrs ausübten.

Die Sexualkultur war eng verknüpft mit Vorstellungen von Geschlecht und Geschlechterrollen. Der Medizin der Zeit zufolge war der menschliche Körper ausgesprochen zerbrechlich: Er bestand aus einem sensiblen Gleichgewicht von Flüssigkeiten, das durch Alter, Ernährung und Lebensführung beeinflusst wurde. Alterung und Tod wurden als ein Prozess der Abkühlung und Austrocknung des Körpers interpretiert. Daher spielte die Ernährung in der antiken Kultur eine wichtige Rolle, genau wie andere Möglichkeiten, die Körperflüssigkeiten in einem gesunden Gleichgewicht zu erhalten. Nach Ansicht von Galen, einem römischen Mediziner des 2. nachchristlichen Jahrhunderts, bestand auch ein Zusammenhang zwischen dem Geschlecht und diesen Körperflüssigkeiten. Männer galten als aktiv, warm und stark. Frauen waren dagegen passiv, schwach, feucht und kalt, weil sie ihre Lebensenergie durch Flüssigkeitsverlust, zum Beispiel durch die Menstruation, verloren; beim Geschlechtsverkehr entzogen sie den Männern Wärme und Energie. Dieser

Vorstellung zufolge führte der Geschlechtsverkehr zu einer Erwärmung des Körpers. Ästhetisch hatten die alten Griechen offenbar eine Vorliebe für männliche Körper mit kleinen Penissen, die nebenbei den Vorteil hatten, in Kriegshandlungen weniger gefährdet zu sein.

Wie der Historiker Thomas Laqueur erklärt, ging die Antike in ihren Geschlechtervorstellungen von einem «eingeschlechtlichen Modell» aus: Da das Geschlecht als fließend galt, liefen Männer Gefahr, durch den Verlust von Wärme verweiblicht zu werden, während Frauen umgekehrt männlicher wurden, wenn ihr Körper erwärmt wurde. Das Geschlecht galt daher nicht als feste biologische Eigenschaft, sondern als potenziell bedrohte Identität. Männer liefen Gefahr, mit der Körperwärme ihre Männlichkeit einzubüßen, zum Beispiel beim übermäßigen Geschlechtsverkehr mit den kalten weiblichen Körpern und dem Flüssigkeitsverlust im Samenerguss. Geschlechtsverkehr galt zwar als Voraussetzung für die körperliche Gesundheit, doch zu viel davon konnte den Männern gefährlich werden. Dagegen benötigten die kalten, feuchten Körper der Frauen die männliche sexuelle Wärme, um ihren Mangel an Lebensenergie zu kompensieren. Mehr noch, Frauen benötigten den männlichen Samen, um zu verhindern, dass die Gebärmutter (die nach Ansicht von Hippokrates und seinen Anhängern frei im Körper schwebte) auf der Suche nach Flüssigkeit durch ihren Körper wanderte und sie schließlich erdrosselte.

Entsprechend dieser Vorstellung waren die antiken Griechen und Römer der Überzeugung, Frauen seien von Natur aus sexbesessen. Dies kam zum Beispiel im Mythos des Sehers Teiresias zum Ausdruck, wie ihn etwa Ovid in seinen *Metamorphosen* schildert. In der Version von Ovid machten die Götter Teiresias sieben Jahre lang zu einer Frau, um ihm dann seinen männlichen Körper zurückzugeben. Da Teiresias den Geschlechtsverkehr sowohl als Mann als auch als Frau erlebt hatte, sollte er später einen Streit zwischen dem Göttervater Zeus und seiner Frau Hera schlichten, in dem es um die Frage ging, ob Männer oder Frauen größere Lust empfanden. Als Teiresias erklärte, dass Frauen den Geschlechtsverkehr neunmal so lustvoll erlebten wie Männer, schlug ihn Hera mit Blindheit, weil er dieses Geheimnis der Frauen preisgegeben hatte.

Man nahm an, dass Frauen den Männern unterlegen waren und ihnen die männliche Fähigkeit der Selbstbeherrschung fehlte. Die weibliche Sexualität galt daher als gefährlich, da eine Frau mit ihrem sexuellen Heißhunger den Mann erschöpfen oder, schlimmer noch, in eine Frau verwandeln konnte. In einer Gesellschaft, in der Frauen einen niedrigen gesellschaftlichen und bürgerlichen Status genossen, ging es den Männern darum, ihre Männlichkeit durch strenge Grenzen zwischen den Geschlechtern zu sichern. Die männliche Geschlechteridentität galt als instabil, denn die Männlichkeit hatte weniger mit dem Besitz eines männlichen Körpers zu tun (der Körper galt schließlich als instabil und lief Gefahr, in die Weiblichkeit abzugleiten), sondern mit aggressivem männlichem Verhalten im Alltag, zum Beispiel auch in sexuellen Handlungen. Bei der Verteidigung der männlichen Sexualität gegen potenzielle Angriffe stand daher nicht die Lust im Vordergrund, sondern die Penetration und der Samenerguss des Mannes. Ein Abflauen der männlichen Lust galt daher als demütigender Verlust der Männlichkeit und wurde in zahlreichen Gedichten und Theaterstücken verspottet. Eine der bekanntesten Beschreibungen des sexuellen Versagens findet sich im *Satyricon* des römischen Dichters Petron: Encolpius will mit der schönen Circe schlafen, doch als diese von ihm verlangt, ihr zuliebe seinen 16-jährigen Geliebten Giton aufzugeben, nimmt die Katastrophe ihren Lauf:

> *Dreimal griff ich zum Messer mit doppelter Schneide, doch dreimal*
> *Ließ ich es sinken, an Kraft schwach wie ein Rohr auf dem Feld,*
> *Weil es den zitternden Händen den schweren Gehorsam versagte;*
> *War nicht imstande, zu tun, was ich soeben beschloss.*

Nach Ansicht des Mediziners Priscian waren erotische Bilder ein wirksames Heilmittel gegen den Verlust der männlichen Potenz: «Man umgebe den Patient mit hübschen Mädchen oder Jungen und gebe ihm Bücher zu lesen, die die Lust erregen und anzügliche Liebesgeschichten erzählen.» Wenn das nicht wirkte, wurden tanzende Mädchen oder verschiedene aphrodisische Mittelchen verschrieben, wie sie Plinius der Ältere ausführlich in seiner *Naturalis Historia* darstellt. Daneben waren sexuelle Bilder im Alltag der Antike allgegenwärtig, allen voran das Bild des erigierten männlichen Glieds, das als Symbol der männlichen Potenz zum Schutz gegen alles Böse galt.

Archäologische Funde lassen darauf schließen, dass der erigierte Phallus und andere Fruchtbarkeitssymbole die Gärten und Häuser der Reichen in Form von Wandgemälden und Skulpturen schmückten und Alltagsgegenstände wie Windharfen und Keramik zierten. Auch Dildos und andere sexuelle Hilfsmittel werden häufig in der antiken Literatur erwähnt und auf Geschirr abgebildet. Sexratgeber waren genauso beliebt wie allgemeinere Beschreibungen, zum Beispiel Ovids *Ars amatoria*, ein Ratgeber für angehende Liebhaber, der in einem Anhang Tipps für enttäuschte Liebende bereithält.

Die normativen Vorstellungen der Männlichkeit betonten aggressives und dominantes Verhalten sowohl im öffentlichen Auftreten als auch in anderen Lebensbereichen, und natürlich auch im Bett. Männlichkeit wurde mit der aktiven, penetrierenden Rolle

Abbildung 1: *Geflügelter Phallus aus Pompeji, vermutlich Dekorationsgegenstand, 1. Jahrhundert.*

im Geschlechtsverkehr gleichgesetzt. Ob normative Geschlechterrollen respektiert wurden oder nicht, entschied darüber, ob sexuelles Begehren als akzeptabel galt. Spezifische Praktiken wie Sodomie oder Masturbation warfen in der Sexualkultur der Antike keinerlei moralische Bedenken auf. Im Mittelpunkt der sexuellen Etikette stand vielmehr die Penetration. In dieser kamen Männlichkeit und Sozialstatus zu Ausdruck, doch dabei spielte es keine Rolle, ob das Objekt der Penetration eine Frau oder ein Junge war. Wichtig war lediglich, wer in wen eindrang. Zu penetrieren galt als aktiv, penetriert zu werden dagegen als passiv. Für einen frei geborenen Mann galt der Wunsch, penetriert zu werden, als widernatürlich und demütigend, da er sich damit in die untergeordnete Rolle einer Frau oder eines Sklaven begab. Geeignete Objekte der Penetration waren Frauen, Knaben, Ausländer und Sklaven, die nicht dieselben Bürgerrechte genossen wie die freien männlichen Bürger Athens. Der gesellschaftliche Status hing mit diesem Unterschied von aktiv und passiv zusammen, nicht mit dem Unterschied zwischen heterosexuell und homosexuell, der erst sehr viel später vorgenommen wurde.

Die sexuellen Normen basierten also auf den politischen Normen. Wie der Literaturwissenschaftler David Halperin schreibt: «Für die freien Männer Athens hing die Bürgerschaft nicht nur mit politischen und gesellschaftlichen, sondern auch mit sexuellen und geschlechtlichen Vorstellungen zusammen.» Die Antike habe einen «Ethos der Penetration und Herrschaft» vertreten, der die sexuelle mit der politischen und gesellschaftlichen Ordnung verband. Der Vorwurf des Verstoßes gegen die Sexualmoral wurde gern gegen politische Gegner ins Feld geführt. Dieser verbreitete sexuelle Missbrauch im öffentlichen Diskurs konnte sehr explizit werden und für den Betroffenen schwerwiegende Folgen haben, die bis zur Aberkennung der Bürgerrechte gingen. In der Hierarchie der sexuellen Handlungen war die gravierendste Anschuldigung der Cunnilingus, gleich gefolgt vom Fellatio, da es für Männer und Frauen gleichermaßen als demütigend galt, von einem Penis oral penetriert zu werden (weshalb die Praktiken am besten auf Prostituierte oder Sklaven beschränkt wurden). Die Bewohner der Insel Lesbos standen in dem Ruf, besonders verdorbene Sexualpraktiken zu pflegen. Das griechische Verb *lesbiazein* bedeutet daher, «sich verhalten wie Bewohner der Insel Lesbos», oder «fellatieren», wobei es keine Rolle spielt, ob eine Frau mit einem Mann oder einer Frau Oralverkehr hat.

Beziehungen zwischen Männern waren gesellschaftlich akzeptiert und verbreitet und wurden in der Literatur, Kunst und Philosophie der Zeit ausgiebig dargestellt. Es gab allerdings unterschiedliche Einstellungen zu gleichgeschlechtlichem Verkehr und es wurde weithin diskutiert, ob die Liebe zu Knaben besser sei als die zu Frauen. Einige Autoren vertraten die Auffassung, die Liebe zwischen Männern sei der Liebe zwischen Mann und Frau vorzuziehen, da es besser sei, Gleichberechtigte zu lieben als Untergeordnete. In *Erotes*, einem griechischen Dialog eines unbekannten Autors, der Argumente für die Liebe zu Männern und Frauen abwägt, heißt es dazu:

> *Die Ehe ist eine Antwort auf die Notwendigkeit der Fortpflanzung, doch im Herzen des Philosophen darf allein die männliche Liebe regieren.*

Der unbekannte Autor erklärt weiter, Geschlechtsverkehr mit Frauen diene ausschließlich dem natürlichen Bedürfnis der Fortpflanzung, doch wenn dieses Grundbedürfnis befriedigt sei und sich die Gesellschaft weiterentwickle, suchten Männer höhere Formen der Befriedigung, die gerade aufgrund ihrer Unnatürlichkeit kulturell überlegen seien:

> *Nur weil der Verkehr mit Frauen älter ist als der mit Knaben, sollten wir Letzteren nicht verachten. Erinnern wir uns daran, dass die ältesten Entdeckungen ein Produkt der Notwendigkeit waren und dass diejenigen, die mit dem Fortschritt aufkamen, genau deshalb überlegen sind und unsere Wertschätzung verdienen.*

In der griechischen Dichtung hieß es, Armeen sollten aus verliebten Männern bestehen, da diese tapfer kämpften, um ihre Geliebten zu retten und zu beeindrucken – dieser Gedanke wird auch in Platons *Symposion* geäußert. Platon selbst lehnte Geschlechtsverkehr zwischen Männern jedoch ab. Die Kritik entzündete sich vor allem an Männern, die eine passive Rolle einnahmen. Diese Männer galten als weich und verweiblicht, sie waren in Wirklichkeit Frauen in männlichen Körpern. Männer, die freiwillig die gesellschaftlich untergeordnete Rolle der Frau einnahmen, indem sie ihren Körper zur Penetration anboten, verstießen gegen die Geschlechternormen und galten als unnatürlich; sie waren eine Gefahr für die gesellschaftliche Ordnung, genau wie Frauen, die männliche Rollen einnahmen (die sogenannten *tribades*).

Angesichts der Bedeutung der Penetration für den gesellschaftlichen und politischen Status des Mannes waren Beziehungen zwischen erwachsenen Männern Anlass zur Sorge, da einer der beiden Partner die untergeordnete Rolle einnehmen und sich penetrieren lassen musste. Dieses Problem ließ sich durch Beziehungen zu Knaben teilweise umgehen, da diese erst mit der Volljährigkeit ihren Status als Bürger erhielten. Antike Autoren beschrieben den Flaum im Gesicht und an der Scham der jungen Männer immer wieder mit Abscheu. Knaben galten nur vom Beginn der Pubertät bis zum späten Jugendalter als sexuell attraktiv, das endete, wenn die ersten Bart- und Schamhaare zu sprießen begannen. In den Augen der Athener waren Liebesbeziehungen zwischen erwachsenen Männern und Knaben natürlich und ehrbar, vorausgesetzt, die Männer hielten sich an die sexuelle Etikette.

Die sexuelle Beziehung von erwachsenen Männern zu Knaben wurde als *paederastia* bezeichnet. Im krassen Gegensatz zu heutigen Einstellungen zum Geschlechtsverkehr zwischen Lehrern und Schülern galt die Päderastie als pädagogische und erotische Mentorenbeziehung zwischen dem erwachsenen *erastes* (dem Liebenden) und einem jungen, passiven *pais* (Knaben) oder *eromenos* (Geliebten), der 12 bis maximal 20 Jahre alt sein konnte (professionelle Lehrer, die oftmals freigelassene Sklaven waren, durften frei geborene Knaben jedoch ebenso wenig verführen wie Sklaven). Die Päderastie wurde oft als normaler Bestandteil der Erziehung eines jungen Mannes beschrieben und institutionalisierte eine Beziehung, in der der Lehrer den Knaben in der Philosophie und Allgemeinbildung unterwies und auf seine Rolle als Bürger vorbereitete.

Die Knabenliebe war zwar gesellschaftlich anerkannt, doch da es sich bei den Knaben um künftige Bürger handelte, war eine gewisse moralische Verantwortung mit ihr verknüpft. Umso wichtiger war die Einhaltung der sexuellen Etikette. Vor allem durften die Knaben selbst in der päderastischen Beziehung kein sexuelles Verlangen verspüren. Wenn sie dem älteren Mann gewisse sexuelle Gefälligkeiten erwiesen, dann aus *philia*, aus Freundschaft, Achtung und Wohlwollen gegenüber dem Freier. Jungen sollten sich dem Älteren nur nach einer ausreichend langen und oft kostspieligen Werbung hingeben. Wenn sich die Knaben beim Geschlechtsverkehr sexuell erregten, setzten sie sich dem Vorwurf der «weiblichen Schamlosigkeit» und des «unmännlichen Verhaltens» aus (da Frauen für ihren vermeintlichen sexuellen Heißhunger bekannt waren).

Über gleichgeschlechtlichen Verkehr zwischen Frauen ist wenig bekannt, und Historiker wie Halperin oder Foucault, die sich mit der Sexualität in der Antike beschäftigen, konzentrieren sich fast ausschließlich auf Geschlechtsverkehr zwischen Männern. Die Werke der Dichterin Sappho, die im 7. Jahrhundert vor unserer Zeitrechnung auf der Insel Lesbos lebte, sind eine der wenigen Quellen, in denen die leidenschaftliche Liebe zwischen zwei Frauen beschrieben wird, doch leider sind sie nur in Bruchstücken erhalten geblieben. Antike Autoren, die gleichgeschlechtliche Liebe zwischen Frauen thematisieren, schildern diese Praktiken in der Regel in ablehnendem bis verächtlichem oder alternativ in voyeuristischem Ton. In ihren Werken stellen sie sich oft vor, dass Frauen eine penisähnlich vergrößerte Klitoris haben oder mithilfe von Umschnalldildos die männliche Penetration nachahmen.

Auch wenn der gleichgeschlechtliche Verkehr zwischen Männern der am weitesten diskutierte Aspekt der antiken Sexualkultur ist, gab es für Männer weit mehr sexuelle Optionen, darunter natürlich auch Prostitution und Heirat. Die gesetzliche Ehe, und Geschlechtsverkehr in der Ehe, wurde von Männern wie Frauen gleichermaßen erwartet, denn es handelte sich um eine Pflicht der Bürger gegenüber der Gesellschaft. Frauen aus dem Bürgertum durften außerhalb der Ehe kein sexuelles Verhältnis eingehen, die Ehe war die Grenze ihres sexuellen Horizonts. Ehebruch, definiert als sexuelle Handlung einer verheirateten Frau mit einem Mann (dessen ehelicher Status keine Rolle spielte), war das paradigmatische Sexualvergehen des Altertums, und die antike Literatur ist regelrecht besessen von diesem Thema. Sexuelles Fehlverhalten wurde zwar weitgehend informell durch Ächtung bestraft, doch das heißt nicht, dass Ehebruch nicht auch komplexe juristische Konsequenzen nach sich ziehen konnte. Geschlechtsverkehr mit einer freien Athenerin wog schwerer als eine Vergewaltigung, denn wenn eine verheiratete Frau Ehebruch beging, konnte ihr Mann nicht mehr sicher sein, dass ihre Kinder tatsächlich von ihm stammten; im Falle einer Vergewaltigung waren die Kinder jedoch leicht zu identifizieren und konnten getötet werden. Vergewaltigung war also in erster Linie ein Verbrechen gegen den Ehemann, Vater oder männlichen Vormund der Frau und weniger gegen die Frau selbst; sie bedrohte die öffentliche Ordnung, da sie die Rache des geschädigten Mannes provozierte (der das Recht hatte, einen Vergewaltiger oder Ehebrecher zu töten, wenn er ihn auf frischer Tat ertappte). Die römische *lex Iulia*, die Kaiser Augustus im Jahr 17 vor unserer Zeitrechnung erließ, machte aus diesem einst privaten Vergehen des Ehebruchs ein Verbrechen, das mit Exil oder Tod bestraft wurde und an dessen Verfolgung die Gesellschaft als Ganze ein Interesse hatte. Wenn ein Ehemann oder Vater das Vergehen nicht selbst zur Anzeige brachte, konnte jeder besorgte Bürger dies übernehmen.

Wenn Männer ihr Geld mit Tänzerinnen, Straßenmädchen und anderen Prostituierten verschwendeten, dann galt dies zwar als bedauernswertes Zeichen mangelnder Selbstbeherrschung, doch es war eine weithin akzeptierte und weniger riskante Alternative zum illegalen Geschlechtsverkehr mit frei geborenen Frauen. Gewerblicher Sex war in der gesamten antiken Welt frei verfügbar. In vielen griechischen und römischen Städten zahlten Prostituierte Steuern und leisteten so ihren Beitrag zum Staatshaushalt. Die Freier waren ausschließlich Männer, doch unter den Prostituierten befanden sich neben den Frauen auch junge Männer (oftmals ehemalige Sklaven oder andere Männer ohne Bürgerstatus). Sie übten ihr Gewerbe in Bordellen und in der Öffentlichkeit aus, zum Beispiel in öffentlichen Parks und Friedhöfen. Überreste von Sandalen, deren

Sohlen die Worte «Folge mir» im Straßenstaub hinter-
ließen, zeigen, wie Prostituierte um ihre Kunden war-
ben. Wenn sie eine exklusivere Beziehung wünschten,
konnten sich Männer auch Sexsklaven oder -sklavin-
nen kaufen oder die Kosten unter mehreren aufteilen.
Für wohlhabende Männer waren Kurtisanen (*hetai-
rai*) eine weitere gesellschaftlich akzeptierte Option.
Wie der prominente griechische Staatsmann Demosthenes in 4. Jahrhundert sagte: «Wir haben Hetären
für unser Vergnügen, Konkubinen für unsere tägliche
Befriedigung und eine Gemahlin, die uns Kinder zur
Welt bringt und in ergebener Treue das Haus hütet.»
Erfolgreiche Kurtisanen – meist ehemalige Sklavinnen
oder Einwanderer – genossen erheblich mehr Freiheiten als Frauen aus Bürgerfamilien, und einige brachten es sogar zu Ansehen und Reichtum.

Dass sexuell willige Männer Zugang zu den Körpern von gesellschaftlich machtlosen Frauen oder
Knaben erhielten, war in der politischen Ordnung des
antiken Athen von zentraler Bedeutung. Im klassischen Griechenland hieß es, Solon, der Vater der attischen Demokratie, habe auch die Prostitution demo-
kratisiert und öffentliche Bordelle eingerichtet, in
denen jeder Bürger zu erschwinglichen Preisen Zugang zu Prostituierten erhielt. Diese Geschichte gehört
zwar vermutlich ins Reich der Mythen, doch nach Ansicht von David Halperin ist das Interessante daran die
Verknüpfung von Prostitution und Demokratie: Alle

männlichen Bürger sollten unabhängig von ihrem Einkommen in der Lage sein, sich sexuelle Befriedigung zu erkaufen. Dank der erschwinglichen Prostituierten konnte ein Bürger, der aufgrund seiner Armut ansonsten vielleicht in eine gesellschaftlich untergeordnete Position geraten und verweiblicht worden wäre, sexuelle Herrschaft ausüben und damit seine gesellschaftliche Stellung wahren. Historische Dokumente, zum Beispiel die Preislisten an den Wänden eines Bordells von Pompeji, lassen vermuten, dass die Prostituierten der Antike ihre Dienstleistungen in der Tat billig verkauften (einfachere Dienste kosteten nicht mehr als ein Laib Brot), doch die Preise konnten sich je nach Ort und Epoche erheblich unterscheiden.

Die Problematisierung der männlichen Prostitution demonstriert die enge Beziehung zwischen Geschlecht, Geschlechterrollen und Politik in der Antike. Männer durften sich zwar prostituieren, doch freie Männer begaben sich damit auf eine Ebene mit Frauen, Einwanderern und Sklaven, da sie die Rolle des Sexualobjekts übernahmen. Ein frei geborener Athener, der sich in seiner Jugend prostituierte, verlor damit sämtliche Bürgerrechte.

In der Antike hatte Sexualität jedoch nicht nur mit Bürgerrechten, sondern auch mit religiösen Praktiken zu tun. Einige religiöse Feiertage, zum Beispiel die jährlichen Feiern in Canopus im von den Römern besetzten Ägypten, wurden mit Sex, Tanz, Gesang und anderen Ritualen begangen. Im antiken Griechenland und Rom gibt es zwar keinen Hinweis auf Tempelprostitution, im Gegensatz zum Nahen Osten, wo die heiligen Prostituierten weitverbreitet waren. Trotzdem hatten auch in Rom die Prostituierten ihre eigenen religiösen Feste, und natürlich nahmen sie auch an anderen religiösen Feierlichkeiten teil, um ihre Götter zu verehren oder um anzuschaffen.

Man darf jedoch nicht vergessen, dass sich Rom und Athen in vieler Hinsicht unterschieden. Die römische Sexualmoral war der attischen zwar in vieler Hinsicht ähnlich, doch in Rom wurde die Sodomie deutlich kritischer gesehen, und päderastische Beziehungen (und ihr angeblicher pädagogischer Nutzen) wurden für gewöhnlich nicht idealisiert. Beziehungen zwischen freien Männern und Knaben waren nach römischen Moralgesetzen wie der *lex Iulia* verboten, auch wenn ein freier Mann Bordelle besuchen und mit männlichen Prostituierten, Sklaven oder Ausländern Geschlechtsverkehr haben durfte (vorausgesetzt, er übernahm die aktive Rolle). Diese Gesetze wurden in immer neuer Form aufgelegt, um die Sorge des jeweiligen Kaisers um die öffentliche Moral zu unterstreichen, doch vollstreckt wurden sie nur selten. Unter dem Einfluss der griechischen Kultur feierten römische Dichter wie Catull, Ovid, Horaz und Vergil erotische Beziehungen zwischen Männern. In einem seiner Gedichte beschreibt beispielsweise Tibull seinen Herzschmerz, nachdem sein junger Liebhaber Maratus ihn wegen einer Frau verlassen hat.

Im kaiserlichen Rom hatten die Frauen deutlich mehr Bürgerrechte als in Athen, wo die Namen der Frauen erst nach ihrem Tod in der Öffentlichkeit genannt werden durften. Römische Frauen (zumindest aus den begüterten Schichten) waren unabhängiger als Frauen im klassischen Athen. Laut Gesetz mussten sie zwar ebenfalls einen Vormund haben, doch diese Praxis verlor im Laufe der Zeit an Bedeutung, und nach dem Tod ihres Vaters konnten Frauen der Oberschicht Eigentum besitzen und frei darüber verfügen. In Rom stand sexuelles Fehlverhalten, vor allem durch Frauen, stellvertretend für die verbreitete Sorge um den angeblichen Verfall von Sitte und Moral. Sexuelle Vergehen von Frauen der Oberschicht, zum Beispiel Ehebruch oder Geschlechtsverkehr mit Sklaven, galten unter den römischen Moralgesetzen als Verbrechen (auch wenn sie nur selten verfolgt und geahndet wurden), und die Literatur der Zeit spiegelt die Sorge der Männer über dieses Verhalten der Frauen wider.

Nach Auffassung von Michel Foucault muss die griechisch-römische Sexualmoral im Zusammenhang mit den Bürgerpflichten verstanden werden, zu denen auch Vorschriften zu Ernährung, zur körperlichen Ertüchtigung und zur Beziehung zu untergeordneten Personen wie Ehefrauen und Sklaven gehörten. Seiner Ansicht nach waren in der griechischen und römischen Kultur die Ernährungsvorschriften deutlich wichtiger als die Sexualmoral. In der Tat war die Antike, in der viele Menschen den Alltag als Überlebenskampf erlebten, «vom Thema Ernährung regelrecht besessen», wie es der Historiker Peter Garnsey formuliert. Unter den Römern gewann das Thema weiter an Bedeutung. In einem Zusammenhang, in dem die gesellschaftliche und politische Macht der männlichen Oberschicht kaum Grenzen kannte und die Sorge um den moralischen Verfall um sich griff, entwickelten Stoiker wie Seneca eine Philosophie der Selbstbeherrschung, mit der die männliche Elite unter Beweis stellen sollte, dass sie ihre Triebe im Griff hatte und die Auswüchse von Völlerei, Alkoholgenuss und Geschlechtsverkehr zu vermeiden verstand. Wie Seneca schrieb: «Es war die Klage der Altvordern, es ist unsere Klage, es wird die Klage der Nachwelt sein, dass die Sitten verkehrt seien, dass Verdorbenheit herrsche und dass die Menschheit sich verschlimmere und alles Heilige in Verfall gerate.» Doch in einem Brief an seinen Freund Lucilius fügte er hinzu:

Du irrst, wenn Du meinst, dass Ausschweifung, Unmoral und andere Laster nur die Laster unserer Tage seien – sie werden zu jeder Zeit beklagt. Es sind die Schwächen der Menschen, nicht unserer Tage. Kein Zeitalter war je tadellos.

Die Ethik der Selbstbeherrschung galt als moralisch akzeptable Alternative zum Hedonismus der Zeit und war Teil einer Ästhetik des Daseins, die das eigene Leben zum Kunstwerk machte. Ein tugendhaftes Leben bedeutete selbst auferlegte Enthaltsamkeit und Ausgewogenheit in allen Dingen. Die sexuelle Selbstbeherrschung gehörte zu einer umfassenderen Ethik des Paterfamilias, der theoretisch nicht nur über seine Frau, sondern über den gesamten Haushalt verfügen konnte.

Im Rückgriff auf die Medizin des Hippokrates betonten Platon, Aristoteles und römische Ärzte wie Galen die Gefahren der «Exzesse» und den Nutzen der Enthaltsamkeit in der Ernährung und der Sexualität. In Maßen galt Geschlechtsverkehr zwar als gesund, doch Exzesse sollten vermieden werden, da sie den Mann schwächten und zu Impotenz und Auszehrung führten. Der berühmte Gelehrte Plinius der Ältere führte in seiner *Naturgeschichte* die Elefanten als Vorbild an: «Die Begattung findet alle zwei Jahre statt, und zwar, wie man sagt, nie länger als fünf Tage; am sechsten baden sie sich zuerst in einem Fluss und kehren dann erst zur Herde zurück.» Doch der Gedanke der Selbstbeherrschung hatte auch eine politische Dimension. Eros, der Gott der Liebe und des Begehrens, wurde als potenziell destruktive Kraft gefürchtet, die die gesellschaftliche und politische Ordnung in Gefahr brachte. Tyrannen wurden daher oft eines ungezügelten Sexualtriebs bezichtigt, und der verantwortungsvolle Umgang mit den eigenen Trieben galt als Voraussetzung für das Überleben des demokratischen Gemeinwesens, wie Michel Foucault zeigt. In den Worten des Historikers James Davidson: «Nach Ansicht der Griechen war es ihre bürgerliche Pflicht, ihre Gelüste zu zügeln und deren Beherrschung zu erlernen, ohne sie jedoch vollends zu unterdrücken.» Im 5. Jahrhundert unserer Zeitrechnung hatte sich also unter der Elite bereits eine Kultur der Selbstbeherrschung herausgebildet. Diese Kultur schätzte die Mäßigung und – unter frühchristlichen Einflüssen – die sexuelle Enthaltsamkeit. Doch obwohl es gewisse Anknüpfungspunkte zwischen der antiken und der christlichen Ethik gibt, bedeutete der Aufstieg des Christentums eine radikale gesellschaftliche und politische Umwertung der Sexualität.

Das Christentum und die Verderbtheit des Fleisches

Das frühe Christentum übernahm einige der Vorstellungen der Selbstbeherrschung, die gegen Ende der klassischen Antike aufgekommen waren, doch es formte sie zu einer völlig neuen Sexualmoral um. In der Spätantike war die sexuelle Enthaltsamkeit Teil einer umfassenderen männlichen Ethik der Selbstbeherrschung, doch spätestens im 5. Jahrhundert hatten christliche Werte die Jungfräulichkeit und Keuschheit bei Männern und Frauen gleichermaßen zum Ideal

erhoben. Vor dem Hintergrund der Machtverschie-
bung von den weltlichen zu den kirchlichen Herr-
schern hieß es, sexuelle Triebe bänden die Menschen
an ihre weltlichen Verpflichtungen, an ihre Partner
und Kinder. Die Sexualität war ein Hindernis auf dem
Weg zu einem gottgefälligen Leben und hinderte die
Menschen daran, das Königreich auf Erden herbeizu-
führen und sich auf das Leben im Jenseits vorzuberei-
ten. In der christlichen Sexualfeindlichkeit kommt ein
religiöses Projekt zum Ausdruck, das Menschen von
ihren weltlichen Bindungen und Begierden befreien
will. Die Christen idealisierten Zölibat und Keuschheit
und kontrollierten Sexualität und Begehren.

Ein entscheidender Einfluss ging von Augustinus
(354–430) aus, einem der Gründerväter des westlichen Christentums, der die einflussreiche Lehre der
«Erbsünde» erfand und sexuelle Begierden als Grund
für die Vertreibung von Adam und Eva aus dem Paradies ausmachte. Augustinus erklärte, wenn Adam und
Eva nicht der Fleischeslust erlegen wären, dann wäre
Geschlechtsverkehr im Paradies nichts anderes gewesen, als «in den Armen des anderen einzuschlafen».
Daher sei «lustvolle Umarmung ... der Feind Gottes».
Anders als die antiken Denker sah Augustinus hinter
dem Geschlechtsverkehr nicht eine Erwärmung des
Körpers, sondern die «Konkupiszenz», die sündige
Lust. Der Sündenfall sei nichts als der Sieg «der Ver-
derbtheit des Fleisches» über die moralische Willens-

kraft, weshalb Geschlechtsverkehr immer von der Erbsünde befleckt werde. Augustinus predigte die sexuelle
Enthaltsamkeit, obwohl ihm selbst der Kampf gegen
«die schmutzige Lust» nicht immer leichtgefallen war,
wie er in seinen autobiografischen *Bekenntnissen* gesteht; dort gesteht er bekanntermaßen, in seiner Jugend habe er Gott gebeten: «Gib mir Keuschheit und
Enthaltsamkeit, doch nicht sogleich!»

Die christliche Ethik entwickelte daher eine be-
achtliche Feindseligkeit gegenüber der Sexualität und
vor allem der «Fleischeslust», die ihrer Ansicht nach
das Animalische im Menschen weckte und ein Hindernis auf dem Weg zur Erlösung darstellte. Die Sünde
befleckte den Menschen schon von Geburt an. Nach
Ansicht von Calvin trugen schon die Kinder «vom
Mutterleibe an ihr Verdammungsurteil mit sich …
Ihre ganze Natur ist gewissermaßen ein Same der Sünde, sodass sie unvermeidlich Gott verhasst und ab-
scheulich sein muss». Während der erigierte Phallus
für die alten Griechen ein Symbol der Macht war,
symbolisierte er für Augustinus die Versklavung des
Menschen durch seine Fleischeslust. Nach Ansicht von
Origen, einem griechischen Theologen des 3. Jahrhunderts, waren Frauen sogar noch größere «Sklavinnen der Lust … schlimmer als die Tiere».

Gegenüber der Ehe hatten die Christen eine eher
zwiespältige Haltung. Da Jesus im Lukas-Evangelium
sagte: «Wenn jemand zu mir kommt und nicht Vater

und Mutter, Frau und Kinder, Brüder und Schwestern, ja sogar sein Leben gering achtet, dann kann er nicht mein Jünger sein», sahen die frühen Christen auch in der Familie grundsätzlich ein Hindernis auf dem Weg zu einem gottgefälligen Leben. Da sie die teuflische Fleischeslust zur Institution erhob, erschien sie den Christen noch verdächtiger. Im 13. Jahrhundert brachte Papst Innozenz III. das Dilemma auf den Punkt: «Jeder weiß, dass der Verkehr selbst zwischen Verheirateten nie ohne fleischliche Begierde, Leidenschaft und den Gestank der Lust ist.» Doch die Kirchenväter sahen ein, dass sich die Mehrheit der Gläubigen wohl kaum an das christliche Ideal des keuschen Lebenswandels halten würde. Die Ehe galt daher als annehmbarer Kompromiss und wurde von Paulus als Pfeiler der Gesellschaft gepriesen; der Apostel erklärte sogar, die Eheleute schuldeten einander den Geschlechtsverkehr, solange das Ziel die Fortpflanzung sei und sie einander treu blieben. Damit betonten die Christen den Fortpflanzungsaspekt der Ehe stärker als die Antike, die in der Adoption von Kindern oder Erwachsenen einen vollwertigen Ersatz für die biologische Fortpflanzung sah. In der christlichen Welt rückte damit der sexuelle Vollzug der Ehe in den Mittelpunkt, und in seinem Lehrbuch zum kanonischen Gesetz aus dem Jahr 1140 erklärte der Kirchenrechtler Gratian den Nichtvollzug sogar als hinreichenden Scheidungsgrund. Die katholische Obrigkeit betrachtete Annullierungsgesuche jedoch immer mit Misstrauen, da sich Frauen mithilfe des Impotenzvorwurfs aus einer Ehe stehlen konnten. Aus diesem Grund hielten Kirchengerichte in verschiedenen Regionen «rechtschaffene Frauen» bereit, die Ehemänner auf Impotenz untersuchen sollten. In seinem Buch *Impotence* schildert der Historiker Angus McLaren eine solche Untersuchung, die im 15. Jahrhundert an den Gerichten von York und Canterbury vorgenommen wurde:

> *Die Zeugin entblößte ihre Brüste, wärmte ihre Hände an besagtem Feuer und rieb Penis und Hoden des besagten John. Sie umarmte und küsste selbigen John und erregte ihn, sodass er seine Männlichkeit und Potenz unter Beweis stellen konnte, und forderte ihn auf, wenn er ein Mann sei, dann solle er dies zeigen. Und sie gab an, während ihrer gesamten sorgfältigen Untersuchung und Befragung sei der Penis kaum 3 Zoll lang gewesen und weder größer noch kleiner geworden.*

Da nach Ansicht von Augustinus völlige Abstinenz oft einfacher war als sexuelle Mäßigung, galt die christliche Ehe nach dem Zölibat und anderen Formen der Askese lediglich als zweitbeste Lösung. Frühe Kirchenväter wie Origen sollen den Kampf gegen die gefürchtete Fleischeslust so weit getrieben haben, dass sie sich selbst kastrierten. Auch wenn sich diese extreme Form

Abbildung 2: *Mittelalterliche Untersuchung zum Nachweis der Impotenz, die als legitimer Grund für die Annullierung der Ehe galt.*

der Keuschheit nie sonderlich großer Beliebtheit erfreute, war die Kirchenobrigkeit doch so besorgt, dass sie die Praxis mehrfach verbot und schließlich zur Ketzerei erklärte. Andere Asketen, wie die Wüstenväter Antonius und Johannes Cassianus des 3. und 4. Jahrhunderts, zogen sich in die Wildnis zurück, eine Form der Weltflucht, die später in den Klöstern institutionalisiert wurde.

Da der Geschlechtsverkehr in der Ehe stattzufinden und der Fortpflanzung zu dienen hatte und da lustvolle sexuelle Praktiken verurteilt wurden, verbot die kirchliche Obrigkeit sexuelle Beziehungen zwischen Frauen, auch wenn sie diese selten verfolgte. Beziehungen zwischen Männern stand die Kirche offenbar zwiespältiger gegenüber. Der Historiker John Boswell berichtet, sie seien mitunter sogar durch religiöse Zeremonien abgesegnet worden; gleichgeschlechtliche Beziehungen zwischen Männern seien im Byzanz des Mittelalters «verbreitet» gewesen und erst seit dem 14. Jahrhundert von der katholischen Kirche verfolgt worden. Obwohl sich Historiker in dieser Frage uneins sind, darf man davon ausgehen, dass gleichgeschlechtliche Beziehungen zwischen Männern nicht überall und zu jeder Zeit gleichermaßen verfolgt wurden. Die christliche Ethik verurteilte Sodomie zwar als Sünde gegen die Natur, doch bis ins 18. Jahrhundert wurden unter diesem Begriff alle möglichen «unnatürlichen» (also nicht der Fortpflanzung dienenden) Praktiken wie Verkehr mit Tieren, Onanie, Anal- und Oralverkehr, gleichgeschlechtlicher Verkehr oder nicht der Fortpflanzung dienender Geschlechtsverkehr zwischen Mann und Frau zusammengefasst.

Das Florenz der Renaissance stand in dem Ruf, eine Stadt der Sünde und der Sodomie zu sein. Im Jahr 1432 richteten die Stadtväter daher eine Nachtwache ein, die allein der Verfolgung der Sodomie diente. Der

Historiker Michael Rocke beschreibt, in einem Zeitraum von 70 Jahren sei gegen 17 000 Männer wegen Sodomie ermittelt worden – und das in einer Stadt mit 40 000 Einwohnern. Die juristischen Dokumente belegen, dass die Mehrheit der männlichen Einwohner der Stadt Sodomie praktizierten und dass sie in der Regel mit kleinen Geldstrafen davonkamen. In anderen europäischen Städten des Mittelalters und der Renaissance, zum Beispiel in Augsburg, in Venedig oder im calvinistischen Genf, verhängten kirchliche und weltliche Gerichte dagegen drakonische Strafen für Sodomie, beginnend mit Kerkerhaft und Kastration bis zur Hinrichtung durch das Beil oder den Scheiterhaufen. Im 18. Jahrhundert verschärfte sich die Verfolgung der Sodomie weiter, und nun wurde unter dem Begriff ausschließlich Geschlechtsverkehr zwischen Männern verstanden.

Das Christentum brauchte ein Jahrtausend, um sich fest in Europa zu etablieren, und selbst nachdem es seine religiöse und weltliche Macht konsolidiert hatte, hielten sich verschiedene Sekten am Rande der Gesellschaft. Nicht alle legten großen Wert auf Keuschheit. Die Karpokratianer, eine gnostische Sekte im Ägypten des 2. Jahrhunderts, glaubten beispielsweise, um die materielle Welt hinter sich zu lassen, müsste die menschliche Seele zunächst jede erdenkliche weltliche Erfahrung gemacht haben, weshalb sie für ihre sexuel-

Abbildung 3: *Denkmal im Caius College, Cambridge, aus dem Jahr 1619. Es erinnert an den College-Master Gostlin und seinen männlichen Partner Dr. Legge. Unter dem Symbol des brennenden Herzens steht folgende Inschrift: «Die Liebe vereinte sie im Leben. Möge die Erde sie im Tod vereinen. Oh Legge, Gostlins Herz ist noch bei dir.»*

le Freizügigkeit bekannt waren, angeblich Partner teilten und nackt in der Öffentlichkeit herumliefen.

Die Durchsetzung der christlichen Werte bedeutete natürlich keineswegs, dass alle Menschen ihr Leben nach den Gesetzen der Kirche ausrichteten. Trotzdem brachte das Christentum eine ausgesprochen einflussreiche und normative Sexualmoral hervor, die Jungfräulichkeit und Keuschheit zum höchsten Ideal erhob und als Befreiung von irdischen Fesseln verstand; diese Sexualmoral stand zum Beispiel im Gegensatz zu der des Judentums, das Enthaltsamkeit ablehnte, weil diese gegen das göttliche Gebot «Seid fruchtbar und mehret euch» verstieß. Mit der Idealisierung der Keuschheit, der irdischen Entsagung, der ehelichen Treue und des allein der Fortpflanzung dienenden ehelichen Geschlechtsverkehrs veränderte sich die Bedeutung der Sexualität, die nun als Bastion des Teufels verstanden wurde und deshalb gefürchtet und gemieden werden musste. Während die Ärzte der Antike der Ansicht waren, ein Mangel an Geschlechtsverkehr schade der Gesundheit, entstand mit dem christlichen Ideal der Jungfräulichkeit und Abstinenz eine sexuelle Ordnung, in der die körperliche Verweigerung zum höchsten geistlichen Wert wurde.

Kapitel 2

Die Erfindung der Sexualität

Wer aufmerksam die Damen in der Großstadt betrachtet, findet gar häufig Persönlichkeiten, die durch kurze Haare, mehr männlichen Zuschnitt der Oberkleider etc. des Uranismus verdächtig erscheinen … Der Lieblingsaufenthalt des weiblichen Urnings ist der Tummelplatz der Knaben … Statt zu Künsten, zeigt sich Sinn und Neigung für Wissenschaften. Gelegentlich wird ein Anlauf genommen, im Rauchen und Trinken sich zu versuchen, und beides kann zur Leidenschaft werden. Parfüm und Näschereien werden verabscheut.

RICHARD VON KRAFFT-EBING, PSYCHOPATHIA SEXUALIS

Sexualität als Wissenschaft

Indem das Christentum die Sexualität mit der Erbsünde in Verbindung brachte, räumte es ihr einen Sonderstatus ein und rückte sie in den Mittelpunkt der christlichen Moral. In seinem Klassiker *Sexualität und Wahrheit* weist Michel Foucault auf die Ironie hin, dass die christliche Ethik den Geschlechtsverkehr einerseits als eine unaussprechliche Schande betrachtet und ihn andererseits als «Sünde par excellence» definiert, und zwar nicht nur den tatsächlichen Akt, sondern auch in den geheimsten Wünschen. In Praktiken wie der Beichte der Katholiken oder der gründlichen Gewissensprüfung der Protestanten institutionalisierte das Christentum die konstante Beschäftigung mit der Sexualität und verlangte das Bekenntnis der persönlichen sexuellen «Wahrheiten». Während das Christentum die Sexualität negativ besetzte, feierten Autoren wie Giacomo Casanova, der Marquis de Sade oder John Wilkes ihre sexuellen Abenteuer – ein Widerspruch, der sich auflöst, wenn man erkennt, dass dahinter derselbe Drang zum öffentlichen Bekenntnis steht wie hinter der christlichen Beichte. In der Moderne erreichte diese Beschäftigung mit der Sexualität schließlich auch andere Bereiche des gesellschaftlichen Lebens, zum Beispiel Beziehungen, die Familie, die Medizin, die Psychotherapie, die Strafjustiz, das Bildungswesen und schließlich die Medien, die uns auf verschiedene Weise anhalten, unsere intimsten Gedanken und Wünsche öffentlich zu machen. Um es mit Foucault zu sagen, sind wir heute eine einmalige Bekenntnisgesellschaft.

Die Aufklärung attackierte das christliche Dogma. In Europa begann eine Kultur der sexuellen Freizügigkeit, vor allem nach dem 17. Jahrhundert. Sie nahm ihren Anfang in der Adelsschicht, die zunehmend Kondome aus Schafsdärmen und Dildos verwendete. Seit

Mitte des 19. Jahrhunderts fanden auch Kondome aus Gummi Verwendung, allerdings in erster Linie unter Freiern von Prostituierten, die sich vor Geschlechtskrankheiten schützen wollten; für die Angehörigen der Unterschicht waren sie noch unerschwinglich. Auch die Abtreibung, die von der Kirche nicht gern gesehen wurde, galt lange als akzeptabel, solange sie vor dem vierten Monat der Schwangerschaft durchgeführt wurde, also bevor die Mutter das Kind spüren konnte. In Zeitungsannoncen wurden Abtreibungsmittel angepriesen, die Branche florierte, und erst im Laufe des 19. Jahrhunderts wurde sie in den meisten europäischen Ländern unter Strafe gestellt.

Die sexuellen Ängste der Kultur wurden durch die raschen gesellschaftlichen Veränderungen durch die industrielle Revolution geschürt. Die Kombination aus Industrialisierung (der Entwicklung moderner, mechanischer Produktionsmethoden), Urbanisierung (und dem daraus resultierenden Wachstum der Stadtbevölkerung) und Säkularisierung (der schwindenden Bedeutung der Religion in der modernen Gesellschaft) brachte städtische Massen hervor, in denen das vereinzelte Individuum immer weniger der gesellschaftlichen und religiösen Kontrolle unterworfen war, wie sie die vormodernen Gesellschaften auszeichnete. Wie der Literaturwissenschaftler Steven Marcus schreibt, blühte im 19. Jahrhundert eine städtische Unterwelt mit Prostitution, Tanzveranstaltungen und einer durch die Druckindustrie beförderten Explosion der Pornografie auf, während der öffentliche Diskurs gleichzeitig zunehmend durch Prüderie und sexuelle Unterdrückung gekennzeichnet war. Vor diesem Hintergrund verstärkte sich die Furcht vor einem vermeintlichen, durch die Moderne beförderten Sittenverfall. Moralische Erneuerungsbewegungen bezeichneten die sexuelle Freizügigkeit als Gefahr für die gesellschaftliche Ordnung und die Religion, während gleichzeitig eine Welle von Ratgebern und medizinischen Veröffentlichungen vor den Gesundheitsrisiken durch Geschlechtskrankheiten warnte.

Die westliche Kultur entwickelte ein geradezu zwanghaftes Interesse an der Masturbation, der «Sünde Onans», wie es in der Bibel hieß. Einer der Auslöser war ein anonymer Bestseller mit dem Titel *Onania*, der um 1712 in London erschien. Der Autor behauptete, er habe zunächst geglaubt, geistlicher Beistand reiche aus, um die Menschen von dieser «Selbstbeschmutzung» zu befreien, doch später habe er festgestellt, dass eine «kräftigende Tinktur» und ein «stärkendes Pulver» – Produkte, die er rein zufällig selbst erfunden hatte und zu einem saftigen Preis anbot – bessere Wirkung zeigten. Obwohl der Autor offensichtlich ein Quacksalber war, ist dieser Text bedeutsam, da er das religiöse Verständnis der Onanie als moralische Schwäche in eine medizinische Diagnose überführte und vor den vermeintlichen Gesundheits-schäden durch die Masturbation warnte. In der Folge griffen zentrale Vertreter der Aufklärung das Thema auf. Der Schweizer Arzt Samuel Tissot veröffentlichte ein Buch mit dem Titel *L'Onanisme*, das weite Verbreitung fand und dazu führte, dass Denis Diderot das Stichwort «Masturbation» in seiner *Encyclopédie*, dem wissenschaftlichen Werk der Aufklärung par excellence, aufnahm. Voltaire nahm die Verwissenschaftlichung der Masturbation zum Anlass für eine Tirade gegen die Kleriker, deren unnatürliche Enthaltsamkeit ungesunde Praktiken wie diese fördere, und Jean-Jacques Rousseau warnte in seinem Bildungsklassiker *Émile* (1762) ebenfalls vor den schlimmen Folgen der Onanie.

Masturbation wurde für eine Reihe von Gesundheitsschäden verantwortlich gemacht, darunter geistige Erschöpfung, Sehschwäche, Gedächtnisverlust, Blindheit, Rheuma, Gicht, Schwachsinn, Tripper, Epilepsie, Impotenz und verschiedene sexuelle Perversionen. Mitte des 19. Jahrhunderts erfand die Medizin eine Krankheit namens «Spermatorrhö», die angeblich mit Nervenschwäche und einem allgemeinen körperlichen und geistigen Verfall einherging und aus dem übermäßigen Verlust von Samen durch die Masturbation herrührte. Das Geschäft mit Behandlungen gegen die Masturbation blühte, als Heilmittel wurden unter anderem Ruhe, Bergwanderungen, Kuren, Sport, kalte Bäder, Keuschheitsgürtel angepriesen; dazu kamen elektrische Geräte, die dem Täter Stromschläge verabreichten.

Weibliche Masturbation galt als besonders krankhaft, zumal Frauen nach den Sexualvorstellungen der Zeit über weniger «tierische Leidenschaften» verfügten als Männer. Außerdem nahm man an, dass Frauen gesundheitlich weniger robust waren als Männer, weshalb die Masturbation bei ihnen noch größere Schäden anrichtete. Entsprechend drastisch waren die Maßnahmen, zum Beispiel eine Klitoridektomie, also eine teilweise oder völlige Entfernung der Schamlippen. Allgemein nahm man an, dass nicht nur erwachsene Frauen, sondern auch Heranwachsende beiderlei Geschlechts für diese Praxis besonders anfällig waren. Darin spiegelt sich die Vorstellung wider, dass Kinder, die weniger von der Kultur geprägt sind und der Natur noch näherstehen als Erwachsene, über starke sexuelle Triebe verfügten, die durch Regeln eingeschränkt werden mussten. Sigmund Freud griff dieses sexualisierte Verständnis der Kindheit auf und trieb es in seiner Beschreibung der kindlichen Sexualentwicklung schließlich auf die Spitze (mehr dazu am Ende dieses Kapitels).

In den vorindustriellen europäischen Gesellschaften waren sexuelle Praktiken vor allem moralischen und religiösen Regeln unterworfen und wurden nach ihrer Sündigkeit beurteilt. Unter dem Einfluss der gesell-

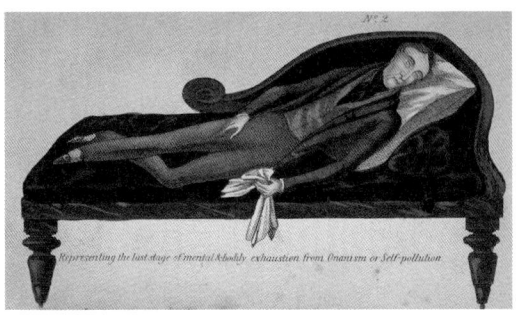

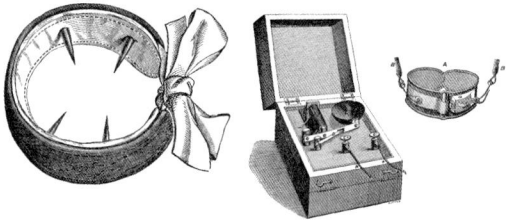

Abbildung 4: *Geräte zur Verhinderung der Masturbation aus dem 19. Jahrhundert: Ein Penisring; eine Maschine, die Stromschläge verabreicht, und eine Warnung vor den körperlichen und geistigen Schäden durch die Masturbation.*

schaftlichen Veränderungen der beginnenden Moderne und im Zuge der aufklärerischen Abwendung vom religiösen Obskurantismus und der Hinwendung zu den neuen Göttern der Wissenschaft und Vernunft

Abbildung 5: *Ein Keuschheitsgürtel für Frauen, mit Vorhängeschloss (16. Jahrhundert). Modelle des 19. Jahrhunderts basierten auf diesem Vorbild, auch wenn nun nicht mehr Untreue, sondern Masturbation verhindert werden sollte.*

veränderten sich auch die sexuellen Vorstellungen, und die Sexualität wurde zum Gegenstand wissenschaftlicher Untersuchungen. Das moderne Verständnis der Sexualität geht auf die Erfindung der Sexualwissenschaften Ende des 19. Jahrhunderts zurück. Die Sexualität wurde ein eigenständiges wissenschaftliches Forschungsgebiet, vor allem innerhalb der Medizin und der Sozialwissenschaften. Die darwinsche Theorie der Evolution durch sexuelle Auslese wurde zu einem wichtigen Motor bei der Entwicklung der modernen Sexualwissenschaften. Daher beschäftigte sich die Forschung von Beginn an mit Fragen von Vererbung, Entartung und «Rasse». Ein zweiter Motor der Sexualwissenschaften war die zunehmende Sorge um die öffentliche Gesundheit, vor allem im Zusammenhang mit Prostitution, Hygiene und Geschlechtskrankheiten. Die Sexualforschung ging Hand in Hand mit zunehmenden staatlichen Eingriffen in die Sexualität der Bürger. Sie spiegelte die gesellschaftlichen und politischen Anliegen der Zeit genauso wider wie die damalige gesellschaftliche Hierarchie, die vor allem auf Geschlecht und Klasse basierte.

Vor diesem Hintergrund wurde die Sexualität erfunden. Der Begriff «Sexualität» in seiner Bedeutung «Besitz sexueller Kräfte oder die Fähigkeit zu sexuellen Empfindungen» fand nach Auskunft des *Oxford English Dictionary* im Jahr 1879 Eingang in die englische Sprache. Im Französischen geht die erste Verwendung auf den unbekannten Romanautor Péladan zurück, der 1884 in seinem erotischen Roman *Le vice suprême* von der «tierischen Trunkenheit der Sexualität» schrieb (*l'ivresse animale de la sexualité*). Dieser neuen Vorstellung zufolge war Sexualität einerseits subjektives Erleben und andererseits ein Gegenstand der wissenschaftlichen Forschung und damit fest in der Natur und der Biologie verankert. Die Sexualwissenschaften ersetzten den undifferenzierten religiösen Begriff der Sünde durch vielfältige medizinische Kategorien physischer und psychischer Krankheiten. Damit veränderte sich die gesellschaftliche Bedeutung der Sexualität radikal. Wie der Soziologe Jeffrey Weeks schreibt: «Die Sexualwissenschaften erfanden und erforschten ein neues Wissensgebiet und wiesen dem ‹Sexuellen› damit ganz neue Bedeutungen zu.»

Im 19. und 20. Jahrhundert wurden die Sexualwissenschaften weitgehend von der Biologie beherrscht. Sie begriffen das Sexualverhalten als Resultat natürlicher biologischer Triebe, die gesellschaftliche Erfahrung war sekundär. Was sexuell «normal» oder «abnormal» war, wurde ausgehend von der vermeintlichen biologischen Natürlichkeit des menschlichen Fortpflanzungstriebs definiert. Als potenziell übermächtige Triebkraft galt die Sexualität gleichzeitig als mögliche Bedrohung für die gesellschaftliche Ordnung. Die schottischen Biologen Patrick Geddes und J. A. Thomson warnten im 19. Jahrhundert vor «der explosiven

Sprengkraft der Sexualität, die unsere Natur in ihren Grundfesten erschüttert, wenn nicht zerstört». Daher war man der Ansicht, die menschliche Sexualität müsse durch gesellschaftliche und moralische Kontrolle, Sexualerziehung und Gesetze kontrolliert werden.

Pioniere der Sexualforschung – zum Beispiel die Deutschen Iwan Bloch, Richard von Krafft-Ebing, Magnus Hirschfeld, Karl Westphal, Hermann Rohleder, Albert Moll und Benedict Friedlaender, der Österreicher Wilhelm Stekel, die Franzosen Charles Féré und Léon Thoinot, der Schweizer Auguste Forel, der Ungar Heinrich Kaan und der Engländer Havelock Ellis – setzten es sich zum Ziel, durch immer neue Klassifizierungen und Namensgebungen sexuelle «Abweichungen» zu verstehen. Sie erfanden ein ganzes Lexikon neuer und immer exotischerer Taxonomien der «Perversion», zum Beispiel Fetischismus, Sadomasochismus, Transvestismus (auch Eonismus genannt), Hermaphrodismus, *frottage* (das Reiben an anderen), Koprophilie, Nekrophilie, Undinismus (sexuelle Erregung durch Wasser), Algophilie (sexuelle Befriedigung durch Schmerz) oder Urolagnie (sexuelle Erregung beim Urinieren). Diese wurden «in widerlichsten Details» ausgebreitet, wie ein Rezensent des *British Medical Journal* in seiner Besprechung von *Psychopathia sexualis,* Krafft-Ebings Handbuch zur Sexualpathologie aus dem Jahr 1886, klagte. Die europäischen Sexualwissenschaften entwickelten sich zu einer internationalen Disziplin, doch sie waren keineswegs ein homogenes Gebiet. Vielmehr entstanden Lager von Wissenschaftlern mit unterschiedlichen wissenschaftlichen und politischen Vorstellungen, was zu Kontroversen innerhalb der Sexualwissenschaften führte. Auch in der Öffentlichkeit wurde die neue Forschung gemischt aufgenommen. Frühe Veröffentlichungen, zum Beispiel die Bücher von Ellis und Bloch, wurden als «obszön» verboten, und Krafft-Ebing wechselte taktvoll ins Lateinische, wenn er in seiner *Psychopathia sexualis* bestimmte Sexualpraktiken beschrieb (angeblich sollen in Deutschland nach der Veröffentlichung seines Bestsellers die Verkäufe lateinischer Wörterbücher regelrecht explodiert sein).

Sexualität und Geschlecht

Ein wichtiger Aspekt des biologischen Modells der Sexualität war die Biologisierung von Geschlechterunterschieden. Noch im 18. Jahrhundert herrschte die Vorstellung vom «eingeschlechtlichen Körper» vor, das heißt, der weibliche Körper galt als minderwertige Variante des männlichen Körpers (man nahm an, dass die weiblichen Genitalien lediglich kleinere, nach innen gestülpte Versionen der männlichen Genitalien waren). Doch allmählich trat an dessen Stelle die Vorstellung, dass es einen grundlegenden biologischen Unterschied zwischen Männern und Frauen gab. Die

Hierarchie der Geschlechter blieb allerdings erhalten und wurde nun wissenschaftlich untermauert. Zum Beispiel wurde sie durch die Gleichsetzung der Weiblichkeit mit der Mütterlichkeit begründet, etwa als der englische Philosoph Herbert Spencer behauptete, Frauen blieben in ihren geistigen Fähigkeiten hinter den Männern zurück, da sie auf einem früheren Stand der Evolution stehen geblieben seien, um ihre Energie auf die Fortpflanzung der Art zu konzentrieren. Die Biologen Geddes und Thomas führten grundlegende Differenzen im Zellmetabolismus als Ursache für den Unterschied der Geschlechter an, und nach der Entdeckung der Hormone wurden diese als Grund genannt. In einer Zeit, in der Frauen zunehmend am öffentlichen Leben teilnahmen, wurde die vermeintliche biologische Unterlegenheit der Frau auch ins Feld geführt, um sie aus der Öffentlichkeit fernzuhalten. Das neue Körperverständnis hatte jedoch auch Auswirkungen auf das Verständnis der Sexualität selbst, wie Laqueur betont. Der Geschlechtsverkehr galt nicht mehr als Begegnung von warmen und kalten oder aktiven und passiven Partnern, sondern als Akt zwischen Männern und Frauen, die als biologisch grundsätzlich verschiedene Wesen aufgefasst wurden.

Die angeborenen biologischen Unterschiede zwischen Männern und Frauen, die als Rechtfertigung für die verschiedenen Geschlechterrollen angeführt wurden, führten nach Ansicht der neuen Forschung auch zu unterschiedlichen sexuellen Verhaltensweisen und Bedürfnissen. Während die männliche Sexualität als aggressiv und stürmisch galt, wurde die weibliche Sexualität lediglich als Reaktion auf das männliche Begehren verstanden, die durch Fortpflanzungs- und Mutterinstinkte gesteuert werde. Sexualforscher wie Havelock Ellis betonten zwar, die weibliche Sexualität und die sexuelle Befriedigung seien entscheidend für ein erfülltes Leben. Doch in der Öffentlichkeit herrschten eher Ansichten wie die des englischen Arztes William Acton vor, der behauptete: «Die meisten Frauen werden durch sexuelle Empfindungen gleich welcher Art kaum berührt.»

Sexualforscher hielten sich für gewöhnlich an die Sexualmoral ihrer Zeit und zeichneten «normale» Frauen als passiv und keusch, mit einem natürlichen Hang zur Monogamie, während Männer eher zur Promiskuität neigten – «dem mächtigen Drange der Natur folgend», wie Krafft-Ebing schreibt. Ein «mächtiger Drang» seitens der Frau galt als widernatürlich. Das wiederum hatte zur Folge, dass im Laufe des 19. Jahrhunderts immer mehr Frauen als «hysterisch» diagnostiziert wurden – eine Störung, die angeblich bei übermäßig leidenschaftlichen Frauen auftrat und durch mangelnde sexuelle Befriedigung verursacht wurde. Zur Behandlung massierte der Arzt häufig die Genitalien der Patientin, bis diese einen «hysterischen Krampf» erlitt (heute würden wir dies als «Orgasmus» bezeichnen). Daneben boten Kurorte Wassermassagen an, und mit der Einführung der Elektrizität erfreuten sich Vibratoren immer größerer Beliebtheit. Alternativ kam auch eine Entfernung der Klitoris infrage. Im 19. Jahrhundert wurden solche Operationen routinemäßig als «Behandlung» für Hysterie, Manie, Demenz, Wahnsinn und Inkontinenz verschrieben. In England machten Erfolgsgeschichten über Frauen die Runde, die sich nach dem neuen Scheidungsrecht des Jahres 1857 scheiden lassen wollten (eine Entscheidung, die weithin als offensichtliches Symptom von Geisteskrankheit gedeutet wurde) und die nach einer Operation zu ihren Männern zurückkehrten. Wie dieses Beispiel zeigt, konnte die Genitalverstümmelung auch als Disziplinierungsinstrument für nicht akzeptable Formen der Weiblichkeit zum Einsatz gebracht werden.

Die Darstellung der weiblichen Sexualität hing eng mit der Zugehörigkeit zu einer bestimmten Klasse oder Ethnie zusammen. Junge Frauen der Arbeiterklasse oder aus anderen Kulturen wurden oft als sexuell verfügbar und unersättlich beschrieben, vor allem in erotischen Romanen wie John Clelands *Fanny Hill* (1748) oder dem anonymen *My Secret Life* (1888). Prostituierte wurden meist als hypersexuelle Frauen mit degenerierten Körpern dargestellt. Je weiter unten sich die Frauen auf der vermeintlichen zivilisatorischen Leiter befanden, umso näher waren sie den «Wilden». Deshalb nahm man an, dass Frauen «eher

Sklaven ihrer Instinkte und Gewohnheiten sind als Männer», wie der Schweizer Sexualwissenschaftler Auguste Forel schrieb. Arbeiter, Afrikaner, Asiaten und Juden galten als besonders ungehemmt, weshalb sie nach einem verbreiteten Stereotyp eher unzivilisierte und animalische Sexualpraktiken kannten.

Die weibliche Sexualität stand immer im Zentrum der Sexualwissenschaften, auch wenn spätere Sexualforscher nicht das Übermaß, sondern den Mangel an sexueller Lust als krankhaft beschrieben. Dies zeigt sich auch an den berühmten Experimenten der amerikanischen Sexualforscher William Masters und Virginia Johnson, die zwischen dem Ende der 1950er- und den 1990er-Jahren die «sexuelle Reaktion» untersuchten und dazu in ihrem Labor Hunderte Männer und Frauen bei der Masturbation und beim Geschlechtsverkehr beobachteten. Wie zahlreiche Wissenschaftler vor und nach ihnen beobachteten Masters und Johnson, dass Frauen beim Geschlechtsverkehr oft keinen Orgasmus erleben, was sie in ihrem Bestseller *Impotenz und Anorgasmie* (1970) als «funktionelle Sexualstörung» werteten. Die weibliche Sexualität wurde also im Vergleich zur männlichen als pathologisch gesehen (obwohl Masters und Johnson durchaus beobachteten, dass Frauen multiple Orgasmen haben können).

Heterosexualität und «Perversion»

Die Sexualwissenschaft biologisierte nicht nur die Geschlechterunterschiede, sondern sie ging außerdem davon aus, dass «natürliches» Sexualverhalten nur heterosexuelle Handlungen und Bedürfnisse beinhaltete. Die Heterosexualität wurde zur Norm erhoben, und vor allem die Homosexualität wurde als Abweichung von dieser Norm verstanden.

Als der amerikanische Arzt James G. Kiernan den Begriff «heterosexuell» in einem medizinischen Artikel des Jahres 1892 in die englische Sprache einführte, meinte er jedoch ein anderes Phänomen: Ihm ging es um die «sexuelle Perversion» des Geschlechtsverkehrs, der nicht der Fortpflanzung, sondern allein der Lustbefriedigung diente. Die Verwendung des Attributs «heterosexuell» für abnormalen, da nicht der Fortpflanzung dienenden Verkehr mit Angehörigen des anderen Geschlechts hielt sich bis in die 1920er-Jahre, eine Zeit, in der allmählich der Freizeitsex zur Norm wurde.

Nach dem biologischen Modell unterschieden sich Menschen, die abweichende Sexualpraktiken pflegten, grundsätzlich von anderen. Das war eine wichtige Neuerung, die sich an den Einstellungen gegenüber der Homosexualität demonstrieren lässt. Gleichgeschlechtliche Praktiken sind aus der gesamten Geschichte bekannt, und spezielle Sexualpraktiken wie die sogenannte Sodomie wurden mal toleriert, mal (vor allem während des 18. Jahrhunderts) verfolgt. Doch man ging immer davon aus, dass grundsätzlich jeder Mensch je nach seiner Moral zu diesen Praktiken in der Lage sei. Wie Foucault beschreibt, setzte sich erst später die Vorstellung durch, dass Menschen, die Sodomie praktizierten, eine eigene Sorte Mensch mit einer eigenen Identität sein müssten; demnach bringen ihre fehlgeleiteten biologischen Instinkte Neigungen hervor, die sie wiederum zu solchen Handlungen motivieren. Auf diese Weise entstanden die «Homosexuellen». Wie Foucault schreibt: «Der Sodomit war eine vorübergehende Verirrung gewesen, der Homosexuelle war dagegen eine eigene Art.»

Einige Historiker verfolgen die Ursprünge dieser Entwicklung zwar bis ins späte Mittelalter zurück und weisen darauf hin, dass es im 17. und 18. Jahrhundert in europäischen Großstädten bereits eine homosexuelle Subkultur gab. Doch der moderne Homosexuelle wurde erst im 19. Jahrhundert geboren, als der Sodomit als eine eigene Art Mensch verstanden wurde. Der Wiener Journalist Karl-Maria Kertbeny gilt als Erfinder des Begriffs «homosexual»; er verwendete das Wort erstmals 1868 in einem Brief an Karl Heinrich Ulrichs, einen Vorkämpfer für die Rechte sexueller Minderheiten, und dann im folgenden Jahr in einem anonymen Pamphlet gegen die preußischen Sodomie-Gesetze. Ursprünglich gebrauchte Kertbeny den Begriff «homosexual» zur Abgrenzung gegenüber «Monosexualisten» (Menschen, die masturbieren), «Heterogeniten» (Menschen, die Sex mit Tieren haben) und «Heterosexualen» beziehungsweise «Normalsexualen» (Männern mit einer Vorliebe für Frauen). Kertbeny war der Ansicht, Heterosexuelle verfügten über einen stärkeren Sexualtrieb als Homosexuelle, weshalb sie in krankhafte Exzesse wie Inzest, Vergewaltigung von Minderjährigen und Leichenschändung verfielen. Dass der Begriff der Heterosexualität, den Kertbeny im Zusammenhang des Kampfs um die Rechte der Homosexuellen erfunden hatte, später für die biologische Natürlichkeit und moralische Überlegenheit der Beziehungen zwischen Männern und Frauen verwendet wurde, ist nach Ansicht des Historikers Jonathan Ned Katz «eine der großen Ironien der Geschichte».

Der Begriff der «Homosexualität» wurde von Krafft-Ebing populär gemacht, und sein englischer Übersetzer Charles Gilbert Chaddock brachte das Wort 1892 in die englische Sprache ein. Der Begriff «Lesbierin» tauchte erstmals 1870 auf und konkurrierte anfangs mit «Tribadie» und «Sapphismus». Auch der Begriff «homosexuell» existierte ursprünglich neben anderen Wortschöpfungen. Karl Heinrich Ulrichs gründete beispielsweise 1862 den Kult des «Uranismus»; diesen Begriff lieh er sich aus Platons *Symposion*, wo die «uranische» oder «himmlische» Knabenliebe gepriesen wird, die angeblich auf den Gott Uranus zurückgeht. Vor dem Hintergrund der Wiederentdeckung der griechischen Antike in der deutschen und englischen Romantik entstanden in beiden Ländern weitere «Uranische Gesellschaften» zur Förderung männlicher Liebe und Freundschaft. Daneben wurden Homosexuelle auch als «Homosexualisten», «Päderasten» (womit nicht nur Knabenliebe, sondern auch die Liebe zwischen Männern verstanden wurde), das «dritte Geschlecht» oder «Urninge» (eine weitere von Ulrichs' Wortschöpfungen) bezeichnet, und die Homosexualität wurde als «konträre Sexualempfindung» oder die «Verkehrung von Geschlechtsempfindungen» umschrieben.

Letztere Bezeichnung war im 19. Jahrhundert besonders beliebt. Sie schien zum Ausdruck zu bringen, dass Menschen, die sich zu Angehörigen ihres Geschlechts hingezogen fühlten, unter einer Art Geschlechterstörung litten und in Wirklichkeit Frauen in Männerkörpern waren oder umgekehrt (mit dem Begriff wurde eine Reihe von der Norm abweichender Verhaltensweisen bezeichnet, darunter zum Beispiel der Transvestismus), und eigentlich ein drittes Geschlecht darstellten. Gleichgeschlechtliche Liebe wurde weithin durch die Geschlechterbrille gesehen, doch es war nicht klar, was genau der Zusammenhang zwischen sexueller Identität und Geschlechterrolle war. Vertreter der These der «konträren Empfindung» argumentierten gern, männliche Homosexuelle seien «verweiblicht», andere verwiesen dagegen auf die griechischen Päderasten, um zu demonstrieren, dass sie im Gegenteil besonders männlich waren. Die erste Homosexuellenbewegung entstand Ende des 19. Jahrhunderts in Deutschland, nachdem die Vereinigung unter preußischer Führung zu einer landesweiten Kriminalisierung der Homosexualität geführt hatte. Im Jahr 1902 hatte sich die Bewegung just wegen unterschiedlicher Auffassungen in dieser Frage gespalten: Magnus Hirschfeld vertrat die Ansicht, dass Homosexuelle eine Art Zwischengeschlecht waren, während Benedict Friedlaender in der Homosexualität die höchste evolutionäre Stufe der Geschlechterdifferenzierung sah; seiner Ansicht war der Homosexuelle männlicher und heroischer als der Heterosexuelle und verfügte über größere Führungsqualifikationen.

Beide Seiten gingen jedoch davon aus, dass sich homosexuelle Männer und Frauen biologisch von Heterosexuellen unterschieden, über eigene Persönlichkeitseigenschaften verfügten und sich anders kleideten. Außerdem seien Homosexuelle besonders in Großstädten anzutreffen (die dank der beschleunigten Urbanisierung und der damit einhergehenden gesellschaftlichen Verwerfungen als besonders fruchtbarer Boden für Perversionen galten, verglichen mit dem einfachen, «natürlichen» Leben auf dem Land).

Nach dem biologischen Modell der Sexualität waren Homosexuelle weder Sünder noch Verbrecher, sondern kranke Menschen, die behandelt werden mussten. Für eine Minderheit von Sexualwissenschaftlern war Homosexualität angeboren und keine Krankheit, doch die meisten sahen die sexuellen Minderheiten als «Problem» und griffen zu Therapien, Medikamenten und Operationen, darunter die Kastration, um diese vermeintliche Krankheit zu heilen. Das Klassifikationssystem der American Psychiatric Association (DSM-II) führte die Homosexualität bis 1973 als Krankheit, und das der Weltgesundheitsorganisation (ICD-9) hielt sogar bis 1992 daran fest. In Großbritannien wurde diese Diagnose erst 1994 abgeschafft, in Russland 1999 und in China 2001, nachdem Schwulengruppen und einige Psychiater klargemacht hatten, dass das Problem nicht die Homosexualität, sondern die Homophobie war.

Der Einsatz der Psychiatrie und der Sexualwissenschaften zur «Heilung» anderer Formen der Sexualität ist bestens dokumentiert. Beispielsweise behaupteten Psychoanalytiker wie Sandor Rado lange, Abweichungen von der heterosexuellen Norm ließen sich durch einen Erziehungsprozess beseitigen. In den 1950er- und 1960er-Jahren kam unter anderem in der Sowjetunion, in Großbritannien, den Vereinigten Staaten, Kanada und Südafrika die sogenannte «Aversionstherapie» zum Einsatz, um Transvestiten, Fetischisten, Transsexuelle und Homosexuelle zu «heilen». Dabei wurden schwule Männer häufiger Ziel der Behandlungen als lesbische Frauen, da die Behandlung häufig zwangsweise auf Gefängnisinsassen angewendet wurde und deutlich weniger Frauen in Haft lebten. Die amerikanischen Sexualforscher Masters und Johnson boten zwischen 1968 und 1977 «Konversionstherapien» an, die aus Homosexuellen Heterosexuelle machen sollten und bei einer Behandlungsdauer von sechs Jahren angeblich eine Erfolgsquote von 71,6 Prozent hatten. Im Rahmen der Aversionstherapie wurden den «Patienten» zunächst Bilder von «ungeeigneten Sexualobjekten» gezeigt, zum Beispiel von ihren gegenwärtigen Liebhabern, und dann wurden ihnen Substanzen wie Apomorphin gespritzt, die Übelkeit und Erbrechen provozierten; alternativ wurden sie über einen Zeitraum von mehreren Wochen zwei- oder dreimal täglich mit Elektroschocks behandelt.

Sexualforscher forderten zwar oft Toleranz gegenüber Nichtheterosexuellen, doch ihre Erkenntnisse kamen auch in der aufkommenden Disziplinierung der Sexualität zum Einsatz. Wie der Soziologe Jeffrey Weeks schrieb: «Paradoxerweise waren die ersten Sexualwissenschaftler zwar überwiegend bewusste Sexualreformer, doch sie waren gleichzeitig einflussreiche Akteure bei der Organisation und potenziellen Kontrolle der von ihnen beschriebenen sexuellen Verhaltensweisen.»

In der Tat waren die Pioniere der Sexualforschung häufig aktive Sozialreformer, für die sexuelle Reform und gesellschaftlicher Umbau in engem Zusammenhang standen. Auguste Forel, Edward Carpenter, Havelock Ellis, Richard von Krafft-Ebing, Magnus Hirschfeld und Iwan Bloch traten aktiv für die Rechte von sexuellen Minderheiten, den Pazifismus oder das Wahlrecht von Frauen ein. Vor dem Hintergrund der gesellschaftlichen Auseinandersetzungen ihrer Zeit beteiligten sie sich an hochgradig politisierten Debatten um Sexualreform, Sexualerziehung und die Abschaffung von diskriminierenden Gesetzen. Viele Sexualwissenschaftler der ersten Stunde sahen vor allem Homosexuelle als «harmlos» an, da sie sich ohnehin nicht fortpflanzten, wie Auguste Forel anmerkte. Autoren wie Krafft-Ebing und Hirschfeld setzten sich öffentlich für eine Abschaffung der Sodomie-Gesetze ein.

Sexuelle Revolution

Die Politisierung der Sexualität intensivierte sich in den 1960er-Jahren, als freudsche Marxisten wie Herbert Marcuse, Erich Fromm und Wilhelm Reich argumentierten, die Sexualität sei eine natürliche, positive Kraft, die in der bürgerlich-kapitalistischen Gesellschaft unterdrückt werde, und eine sexuelle «Befreiung» verlangten, um die gesamte gesellschaftliche Ordnung zu verändern. Wilhelm Reich war ein österreichischer Psychoanalytiker, der in den 1920er- und

1930er-Jahren erst Mitglied der Sozialdemokratischen und dann der Kommunistischen Partei war. Im Jahr 1939 wanderte er in die Vereinigten Staaten aus und wandelte sich dort zum vehementen Kritiker des «roten Faschismus». In seinen ersten und einflussreichsten Arbeiten versuchte Reich, eine Synthese aus Marxismus und Psychoanalyse herzustellen. Er bezog sich auf Freuds Vorstellung der sexuellen Energie (Libido), lehnte jedoch die in *Das Unbehagen in der Kultur* (1915) geäußerte Vorstellung ab, dass der Erwachsene seine «normale» sexuelle Identität erlange, indem er seine Libido auf andere Lebensbereiche umleite. Für Freud war die Kultur also das Ergebnis einer Unterdrückung der Natur, während nach Ansicht von Reich Kultur und Natur (die er im Gegensatz zur modernen Gesellschaft sah) in einem Zustand der Harmonie versöhnt werden sollten. Reich forderte eine Korrektur der freudschen Theorie des Unbewussten, indem er Freuds Sexualtheorie auf den Kopf stellte und in seinen Theorien der «Vegetotherapie» und später «Sexualökonomie» erklärte, der Ursprung der Neurose liege in der kulturellen Unterdrückung der natürlichen sexuellen Energie. Im Jahr 1948 schrieb er:

Ich behaupte, dass jeder Mensch, der sich ein Stück Natürlichkeit bewahren konnte, weiß, dass den seelisch Erkrankten nur eines fehlt: wiederholte volle sexuelle Befriedigung.

Reich sah in der vollen «orgastischen Potenz», die er mit der «genitalen Befriedigung» identifizierte, eine biologische Fähigkeit, doch seiner Ansicht nach hatte die Gesellschaft diese Fähigkeit zerstört. «Ein Sexualökonom» wisse, so Reich, «dass der Mensch die einzige biologische Art ist, die die Sexualfunktion in sich vernichtete und daran krankt». Diese Zerstörung der Sexualfunktion erschien ihm umso besorgniserregender, als die Sexualität für ihn die Lebensenergie schlechthin war. In der modernen Gesellschaft litten die meisten Menschen unter sexueller Unterdrückung. Wie er schrieb: «Kein einziger Neurotiker hat diese Fähigkeit, und die überwiegende Mehrheit der Menschen ist charakterneurotisch krank.»

In seinen einflussreichsten Werken analysierte Reich, wie die Gesellschaft die Menschen in Neurotiker verwandelt; die Verantwortung dafür sah er in erster Linie beim Kapitalismus, später beim Autoritarismus und in seinen letzten Werken bei sämtlichen gesellschaftlichen Institutionen, die die biologische Lebensenergie unterdrückten. Besonders kritisierte er die Institution der Kleinfamilie, da sie seiner Ansicht nach die autoritären Strukturen der Gesellschaft auf einer Mikroebene reproduziere und die gesellschaftliche, wirtschaftliche und sexuelle Unterdrückung der Frau im Patriarchat stütze. Mit ihrer zwanghaften Monogamie, die den Partnern großes Leid verursache, und der wirtschaftlichen Abhängigkeit von Frauen und Kindern war die Familie nach Ansicht von Reich der entscheidende Akteur bei der gesellschaftlichen Unterdrückung der natürlichen Kindheit und der jugendlichen Sexualerfahrung. Daher verlangte er eine «sexuelle Revolution», um die Sexualität aus ihrer gesellschaftlichen Unterdrückung zu befreien. Diese war jedoch seiner Ansicht nach nur möglich, wenn gleichzeitig auch die soziale und politische Ordnung gestürzt würde. Im Vorwort zur zweiten Ausgabe seines Buchs *Die Sexualität im Kulturkampf* schrieb er: «Es fallen also Kapitalismus und gesellschaftliche Sexualunterdrückung einerseits, revolutionäre ‹Moral› und sexuelle Bedürfnisbefriedigung andererseits zusammen.»

Reichs ursprüngliche, zunächst vor allem sexualwissenschaftliche und psychologische Vorstellung der Sexualökonomie verwandelte sich im Laufe der Zeit in die Wissenschaft der «Orgonomie», der Untersuchung der «Lebensenergie». Nach seiner Ankunft in den Vereinigten Staaten gründete er in Maine ein Forschungszentrum namens «Orgonon». Nachdem er lange erklärt hatte, die «genitalen Sexualfunktionen» seien die entscheidende Quelle der Lebensenergie, behauptete er nun, in seinen Beobachtungen den Ursprung allen Lebens erkannt zu haben: die kosmische Energie «Orgon». Reich, der zunächst von einem soziologischen und anthropologischen Ansatz ausgegangen und dann zu einer Naturwissenschaft der Lebensenergie übergegangen war, stellte die Geduld selbst seiner glühendsten Anhänger auf eine schwere Probe, als er nun behauptete, er habe in seinen Experimenten «Energiebläschen» namens Bione beobachtet und eine chemische Formel des Unbewussten entdeckt. Seine umstrittenste Erfindung waren jedoch die «Orgonakkumulatoren» – nichts anderes als Kisten, die Energie bündeln und auf die in ihnen sitzenden Personen abstrahlen sollten. Er behauptete, die Orgonenergie setze die Lebensenergie frei, die in der modernen Gesellschaft mit ihrer Orgasmusangst blockiert sei; außerdem könne sie zur Krebsbehandlung eingesetzt werden.

Seine Orgonakkumulatoren brachten Reich jedoch vor allem großen Ärger mit der amerikanischen Gesundheitsbehörde ein. Nach einer Ermittlung wegen Betrugsverdachts untersagte ein Gericht jede Verwendung des Begriffs «Orgonenergie». Da sich Reich nicht um das Verbot scherte, wurde er 1956 zu einer zweijährigen Haftstrafe verurteilt; er durfte in seinen Büchern nicht mehr von Orgonenergie und Orgonakkumulatoren schreiben, und alles Material, das in Zusammenhang mit seinen Akkumulatoren stand, wurde zerstört. Ein Jahr später starb Reich im Gefängnis. Heute werden seine Orgonakkumulatoren frei im Internet verkauft.

Der Aufruf der freudschen Linken zur sexuellen Revolution gegen die Unterdrückung durch Kapitalismus und Patriarchat hatte große Auswirkungen auf die linken und feministischen Bewegungen, die in den 1960er- und 1970er-Jahren aufkamen, aber auch auf verschiedene Formen der Sexualtherapie, die eine Freisetzung der sexuellen Energie versprachen. In der Folge wurde die Sexualität als biologische Kraft verstanden, die von der bürgerlichen Gesellschaft unterdrückt wird.

Das biologische Verständnis hielt sich bis in die 1980er-Jahre und ist nach wie vor eine wichtige theoretische Strömung in der Sexualforschung, zumal angesichts der heutigen Wiederbelebung von evolutionären Modellen der Sexualität und genetischen Ansätzen. Zum Beispiel verstehen Bücher wie *A Natural History of Rape* von Randy Thornhill und Craig Palmer oder *The Dark Side of Man* von Michael Ghiglieri die sexuelle Gewalt von Männern als Produkt des evolutionären männlichen Instinkts zur Verbreitung der Gene, während Helen Fisher in ihrem Buch *Anatomie der Liebe* die Geschlechterunterschiede mit Verweis auf die Biologie und die Evolutionsgeschichte erklärt. Doch das biologische Modell stieß zunehmend auf Kritik, auch innerhalb der Sexualforschung.

Kritik am biologischen Modell der Sexualität

Obwohl sich viele Pioniere der Sexualwissenschaften mit sexuellen Minderheiten beschäftigten, konzentrierten sich andere, vor allem Havelock Ellis, auf das «normale» Sexualverhalten. Die Untersuchung der normativen Sexualität führte auch dazu, dass die biologische Natürlichkeit hinterfragt wurde. Die Sexualität wurde zwar nach wie vor in erster Linie biologisch verstanden, doch einige Sexualforscher des 19. Jahrhunderts, darunter Geddes und Thomson, konnten nicht umhin zu erkennen, dass die «natürlichen» Sexualtriebe ausgesprochen vielfältig waren. Schon in der ersten Generation der Sexualwissenschaftler führte die Suche nach der sexuellen Norm also gleichzeitig zu deren Problematisierung. Ellis kam beispielsweise zu dem Schluss, dass die Normalität eher gesellschaftliche Definitionen als natürliche Instinkte wiedergab und dass der Übergang zwischen «normalen» und «abnormalen» Praktiken fließend sein könnte. Dies öffnete den Weg für ein gesellschaftliches Verständnis der Sexualität.

Spätere Sexualforscher arbeiteten mit umfangreichen Befragungen zu sexuellen Einstellungen und Verhaltensweisen. Zu den bekanntesten Arbeiten zählen Alfred Kinseys Untersuchungen des Sexualverhaltens von 12000 US-Amerikanern aus den 1950er-Jahren und die Hite-Reports, in denen seit den 1970er-Jahren 15000 amerikanische Männer und Frauen zu ihren sexuellen Erfahrungen befragt wurden. In diesen quantitativen Erhebungen zeigte sich, dass der Unterschied zwischen «normalen» und «abweichenden» Formen der Sexualität keineswegs so eindeutig war wie angenommen. Alfred Kinsey löste Anfang der 1950er-Jahre einen Skandal aus, weil seine Befragungen ergaben, dass 37 Prozent der männlichen Befragten mit anderen Männern zum Orgasmus gekommen waren, obwohl sich die meisten von ihnen als heterosexuell bezeichneten – ein Ergebnis, das seither in fast allen Untersuchungen des Sexualverhaltens bestätigt wurde. Das bedeutete, dass sexuelle Handlungen mit Angehörigen des eigenen Geschlechts nicht mehr als abweichendes Verhalten einer kleinen, kranken Minderheit abgestempelt werden konnten. Interessanterweise entwickelten die Sexualwissenschaften also einerseits ein Verständnis der Sexualität, das auf natürlichen Instinkten, normaler und abnormaler Sexualität und biologischen Geschlechterunterschieden basierte, und führten andererseits zu einer Problematisierung genau dieser Vorstellungen. Das heißt, das biologische Modell der Sexualität wurde just von dem sexualwissenschaftlichen Diskurs ausgehöhlt, der es hervorgebracht hatte.

Das biologische Modell wurde aber auch genau von den Subjekten infrage gestellt, die es beschreiben sollte. Die von den Sexualwissenschaften hervorgebrachten sexuellen Minderheiten experimentierten mit sexuellen Bedeutungen und hinterfragten diese. Wie Jeffrey Weeks schreibt:

Die Perversen, die ihre Stimme zunächst im geschützten Raum der frühen Sexualwissenschaften erhoben, vertreten ihre Position heute selbstbewusst ... Auf der Straße und in der Lobby, in Flugblättern, Zeitschriften und Büchern, durch die Semiotik hochgradig sexualisierter Zusammenhänge, mit komplexen Codes von Symbolen, Farben und Kleidung, in den Medien und im Alltag treten sie für ihre Interessen ein.

Wie wir in Kapitel 5 sehen werden, eignen sich die einstigen Forschungsobjekte Kategorien wie «schwul» und «lesbisch» auf kreative Weise an und bringen sie in der Politik zum Einsatz.

Ein dritter, schwerwiegender Kritikpunkt am biologischen Modell der Sexualität geht auf Freud zurück. Seiner Theorie zufolge ließ sich der unbewusste Sexualtrieb nicht kontrollieren oder überwinden, sondern war in Männern und Frauen immer präsent. Die weibliche Hysterie war seiner Ansicht nach das Symptom einer ungesunden Verdrängung der weiblichen Libido. In seinen berühmten *Drei Abhandlungen zur Sexualtheorie* (1905) beschrieb er Sexualität nicht als vorgegebenen und immer gleichen natürlichen Instinkt, von dem bestimmte Personen abweichen, sondern als einen Trieb, der erst in der psychischen Entwicklung des Kindes entsteht. Seiner Ansicht nach war die Kanalisierung der diffusen Sexualität des Kindes in eine von der Gesellschaft akzeptierte Form entscheidend für die Entwicklung vom Kind zum Erwachsenen. Wie die freudsche Feministin Juliet Mitchell schreibt: «In der Kindheit ist alles vielfältig und pervers; bei unserem Eintritt in die menschliche Gesellschaft müssen wir vereinheitlichen und ‹normalisieren›.» Indem Freud die Sexualität in den Mittelpunkt rückte und den unbewussten Trieben eine zentrale Rolle im menschlichen Handeln zuwies, entfernte er sich in seinen Beschreibungen von Fällen der Hysterie und Neurose von biologischen Erklärungen und stellte eine Verbindung zwischen Kultur und sexueller Unterdrückung her.

Ein vierter Kritikpunkt am biologischen Verständnis der Sexualität stammt schließlich von den sogenannten postmodernen Theorien, die Anfang der 1970er-Jahre in den Sozial- und Geisteswissenschaften aufkamen. Diese neuen Theorien lehnten die Vorstellung ab, die Sexualität sei natürlich oder biologisch, und betonten stattdessen die gesellschaftliche Dimension der sexuellen Erfahrung. In seiner kontroversen Geschichte der Sexualität (die auf Deutsch unter dem Titel *Sexualität und Wahrheit* erschien) stellte Michel Foucault die Sexualität als «historischen Apparat» dar, dessen Anfänge auf das 18. Jahrhundert zurückgingen. In Rückgriff auf Foucault beschrieben der Altphilologe David Halperin, der Literaturwissenschaftler Stephen Heath, die Sozialwissenschaftler Jeffrey Weeks und Ken Plummer sowie viele andere die Sexualität als historisch und kulturell verortete Erfahrung, die durch die gesellschaftlichen

Machtverhältnisse geprägt wird. Diesem soziologischen Modell der Sexualität zufolge sind sexuelle Identitäten nicht nur Ausdruck eines natürlichen Instinkts, sondern gesellschaftliche und politische Konstrukte.

Wenn wir also behaupten, dass Heterosexualität, Homosexualität oder sogar die Sexualität selbst im 19. Jahrhundert erfunden wurden, dann heißt das nicht nur, dass diese Begriffe in dieser Zeit geprägt wurden. Es heißt vielmehr, dass unsere jeweilige Erfahrung und unser Verständnis unserer eigenen Sexualität und sexuellen Identität durch die gesellschaftlichen Vorstellungen von Sexualität geprägt werden, vor allem durch die Vorstellung vom «natürlichen» Sexualinstinkt, der vermeintlichen biologischen Grundlage der Geschlechterunterschiede und der Vorstellung der sexuellen Identität.

Wie wir gesehen haben, wurde das kulturelle Verständnis der Sexualität im Westen durch drei Modelle geprägt: das moralisch/religiöse, das biologische und das gesellschaftliche. Diese drei Modelle wurden zwar historisch nacheinander entwickelt, doch sie existieren heute nebeneinander. Alle drei haben nach wie vor großen Einfluss auf unseren Umgang mit der Sexualität in Gesellschaft, Politik und Alltag. Sie haben große Auswirkungen auf unser Verständnis unserer sexuellen Verhaltensweisen und Identitäten und auf die Möglichkeiten individueller und gesellschaftlicher Veränderung.

Kapitel 3

Jungfrau oder Hure? Die feministische Kritik der Sexualität

Feministinnen, die mit Männern schlafen, liefern dem Unterdrücker ihre vitalste Lebensenergie aus.

JILL JOHNSON, *LESBIAN NATION* (1973)

Die Doppelmoral

Die weibliche Sexualität stand während der gesamten Moderne im Mittelpunkt der wissenschaftlichen und moralischen Aufmerksamkeit. Außerdem war sie ein zentrales Anliegen im Kampf um die Gleichstellung der Frau. Die erste Frauenbewegung, die sich in den letzten Jahrzehnten des 19. Jahrhunderts formierte, trat zwar in erster Linie für die gesellschaftliche und politische Gleichberechtigung ein, doch schon hier war die Sexualität ein wichtiger Ansatzpunkt für die Kritik an den bestehenden Geschlechterverhältnissen. Die Feministinnen kritisierten die von biologischen Argumenten gestützte Doppelmoral, die den Mann als von Natur aus untreu und die Frau als passiv und keusch darstellte, doch sie nutzten diese Geschlechtervorstellungen auch, um eine moralische Überlegenheit der Frauen gegenüber den Männern zu postulieren. Von dieser moralischen Warte aus entwickelten sie eine Kritik der männlichen Sexualität, die männliche Lust und sexuelle Freizügigkeit als eine der Ursachen für die Unterdrückung der Frauen sah. Sie konzentrierten sich auch auf Themen wie die Prostitution und die damit einhergehenden Geschlechtskrankheiten, die damals von weiten Kreisen mit Besorgnis verfolgt wurden. Einige Feministinnen vertraten die Auffassung, Männer wollten den Frauen das Wahlrecht vor allem deshalb verweigern, um sie weiter sexuell ausbeuten zu können.

Aktivistinnen aus der Mittel- und Oberschicht engagierten sich vor allem in Bewegungen zur moralischen Reinigung und «Sozialhygiene», die sowohl in der Linken als auch in konservativen und religiösen Organisationen des Westens aufkamen. Kampagnen gegen die Prostitution forderten eine Abschaffung der «weißen Sklaverei», die unschuldige und verarmte junge Frauen der Arbeiterklasse zwang, sich von skrupellosen Männern der Mittel- und Oberschicht sexuell ausbeuten zu lassen. Sie organisierten Kampagnen zur «Rettung» der «gefallenen Mädchen». Aus moralischer Sicht war die Prostitution ein Laster, daneben wurde sie als ein großes Gesundheitsproblem angesehen. Prostituierte galten als wichtigste Überträger von Geschlechtskrankheiten wie Gonorrhö und Syphilis. In dieser Auffassung kam die traditionelle westliche Vorstellung des weiblichen Körpers als Hort der Krankheit zum Ausdruck. Diese Haltung drückt Shakespeares König Lear aus, als er in seinem Wahn ausruft:

Von der Hüfte herab sind sie Zentauren, obgleich von oben her ganz weiblich: Bis zum Gürtel wohnen lauter Götter; weiter unten ist alles mit Teufeln angefüllt. Hier ist die Hölle, hier ist Finsternis, hier ist der brennende, siedende Schwefelpfuhl – pfui, pfui!

In der Moderne wurden Geschlechtskrankheiten generell als weiblich dargestellt, zum Beispiel als «Frau Syphilis», wie die Franzosen sie nannten. Die Syphilis war möglicherweise Ende des 15. Jahrhunderts von Seefahrern aus Amerika eingeschleppt worden und löste eine europaweite Epidemie aus. In der kollektiven Wahrnehmung kam die Syphilis «von außen» und wurde vor allem von Ausländern übertragen, was die Auffassung widerspiegelte, der gesunde, männliche Körper der Nation werde durch kranke, weibliche und ausländische Körper infiziert. Wie der Medizinhistoriker Derek Llewellyn-Jones schrieb:

Die Schuld für die neue und verheerende Seuche wurde gern auf die Nachbarländer geschoben. In Italien hieß die Syphilis die Spanische Krankheit. In Frankreich, wo sie erstmals 1495 auftrat, wurde sie

> *als Italienische oder Neapolitanische Krankheit be-*
> *zeichnet ... Als sie 1497 England erreichte, wurde sie*
> *dort Französische Krankheit genannt ... Im Jahr*
> *1505 gelangte sie nach China und ein Jahr später*
> *nach Japan, wo sie manka bassam oder Portugiesi-*
> *sche Krankheit hieß.*

Geschlechtskrankheiten wurden mit ausländischen Invasionen und Verrat in Zusammenhang gebracht. Während der beiden Weltkriege wurden Prostituierte immer wieder als «Verbündete des Feindes» darge-stellt, weil sie patriotische Soldaten infizierten. Ein bri-tisches Poster aus dem Zweiten Weltkrieg zeigt eine Prostituierte mit Totenschädel Arm in Arm mit Hitler und Hirohito, und darunter steht «Von den dreien ist die Geschlechtskrankheit der schlimmste Feind». In den Vereinigten Staaten wurden während des Ersten Weltkriegs Tausende vermeintliche Prostituierte in In-ternierungslagern inhaftiert, und in *Die Sittenge-schichte des Weltkrieges* beschreibt Magnus Hirschfeld, das kaiserliche Heer habe in besetzten Gebieten Frau-en mit bis zu einem Jahr Gefängnis bestraft, weil sie mit Soldaten verkehrt hatten, obwohl sie mit Ge-schlechtskrankheiten infiziert waren.

Aus Angst, Geschlechtskrankheiten könnten männ-liche Körper schwächen und am Militäreinsatz hin-dern, begannen viele Staaten im 19. Jahrhundert da-mit, die Prostitution zu regulieren, um die Ausbreitung von Geschlechtskrankheiten zu unterbinden. Es wurde kein Versuch unternommen, die Prostituierten vor der Ansteckung durch die Freier zu schützen, vielmehr mussten sich die Frauen medizinischen Zwangsuntersuchungen unterziehen. Infizierte Prostituierte wurden eingesperrt und einer Zwangsbehandlung unterzogen. Im Europa des 19. Jahrhunderts herrschte der Irrglaube vor, Geschlechtsverkehr mit einer Jungfrau könne Geschlechtskrankheiten heilen. Kinderprostitution war verbreitet, und oft wurde die Jungfräulichkeit vorgetäuscht, um ein Kind mehrmals teuer verkaufen zu können. Als der Journalist W. T. Stead im Juli 1885 in der *Pall Mall Gazette* eine Serie anschaulicher Enthüllungsberichte über die Verschleppung und den Verkauf junger Mädchen in Londoner Bordellen veröffentlichte, brach ein Skandal los. Der Autor eröffnete Einblicke in eine Unterwelt, in der sich die feinen Herren der Oberschicht an den «Schreien der gefolterten Opfer von Lust und Brutalität» weideten. Noch im selben Jahr verabschiedete das britische Parlament ein Gesetz, das Zuhälterei und Geschlechtsverkehr mit Mädchen unter 16 Jahren unter Strafe stellte.

Im Schulterschluss mit christlichen Organisationen forderten Feministinnen des 19. Jahrhunderts nicht nur eine Regulierung der Prostitution, sondern ihr vollständiges Verbot. Ihrer Ansicht nach bedeutete Regulierung lediglich, dass der Staat zum Zuhälter wurde, weil er die Prostitution duldete. Im Jahr 1875 wurde in

Großbritannien die Federation for the Abolition of Government Regulation of Vice (»Vereinigung zur Abschaffung der staatlichen Regulierung des Lasters«) ins Leben gerufen, die ein Verbot der Prostitution verlangte. Ganz oben auf der Agenda stand der Kampf gegen den internationalen Handel mit Frauen zum Zweck der Prostitution, ein Anliegen, das auch die damals grassierende Fremdenfeindlichkeit zum Ausdruck brachte. Im Jahr 1904 wurde die erste »Internationale Vereinbarung zum Kampf gegen den weißen Sklavenhandel« geschlossen, die später zu einem Verbot von Bordellen in vielen Ländern des Westens führte.

Die Feministinnen der ersten Frauenbewegungen beriefen sich auf die moralischen und biologischen Modelle der Sexualität, um einen Schutz der Frau vor den Folgen der männlichen Lust zu verlangen. Indem sie Frauen als Hüterinnen der öffentlichen und privaten Moral stilisierten, gaben sie die damals vorherrschenden Vorstellungen von Weiblichkeit wieder: Ehrenwerte Frauen waren jungfräulich rein und in der Ehe keusch, während unmoralische Frauen verwahrloste «Huren» waren.

Freie Liebe

Doch nicht alle Feministinnen teilten diese Vorstellungen der weiblichen Sexualität. Viele der feministischen Vordenkerinnen des 19. Jahrhunderts gehörten radikalen Sexualreformbewegungen an und verlangten größere sexuelle Freiheiten für Männer und Frauen. Libertäre, anarchistische und kommunistische Denkerinnen sprachen sich vehement gegen Gesetze zur Bekämpfung von Obszönität und Homosexualität aus und verlangten ein Recht auf Verhütungsmittel, Abtreibung und «freie Liebe» zwischen gleichgestellten Partnern in einer frei gewählten Beziehung. Wie schon Mary Wollstonecraft im 18. Jahrhundert lehnten sie die Institution der Ehe ab, da sie ihrer Ansicht nach eine körperliche und wirtschaftliche Inbesitznahme der Frau durch den Mann bedeute. Trotzdem befürworteten die meisten Vertreterinnen der freien Liebe monogame Beziehungen. Zu ihnen zählten Freidenkerinnen, Anarchistinnen und Sozialistinnen wie die Amerikanerinnen Emma Goldman und Lilian Harman oder die Japanerin Ito Noe, die 1923 zusammen mit ihrem Partner von Soldaten ermordet wurde. Der Deutsche Verband Fortschrittlicher Frauenvereine schlug einen Boykott der Ehe vor und feierte sexuelle Lust für Frauen wie Männer, während sich die English Legitimation League, die 1893 zum Schutz unehelicher Kinder gegründet worden war, «die Vereinigung der beiden edelsten Prinzipien der menschlichen Beziehungen, der Freiheit und der Liebe» auf die Fahnen schrieb. Alexandra Kollontai, die vielleicht bekannteste kommunistische Revolutionärin aus den Anfangsjahren der Sowjetunion, die 1919 die Frauensektion im Zentralkomitee der Kommunistischen Partei einrichtete, erklärte, die Familie sei wie der Staat eine kapitalistische Einrichtung und werde mit der Ankunft der Sozialismus verschwinden. Im Jahr 1920 schrieb sie: «Die Familie verliert für ihre Angehörigen und die Nation als Ganze immer mehr an Bedeutung.» In «Kommunismus und Familie» schrieb sie: «Statt der Ehesklaverei der Vergangenheit bietet die kommunistische Gesellschaft Frauen und Männern einen freien Bund der starken Kameradschaft.» Da die sexuelle Ausbeutung ihrer Ansicht nach eng mit der wirtschaftlichen Abhängigkeit von Frauen im kapitalistischen System zusammenhing, war sie überzeugt, dass auch die Prostitution in der strahlenden kommunistischen Zukunft automatisch verschwinden würde. Der Sexualtrieb, der für sie «nicht schändlich oder sündig war, sondern genauso natürlich wie Hunger und Durst und andere Bedürfnisse eines gesunden Organismus», sollte nicht unterdrückt werden – immer vorausgesetzt, es komme nicht zu sexuellen Exzessen, die der Produktivität der Arbeiter schadeten.

Mit ihren Ansichten stieß Kollontai bei Lenin auf wenig Gegenliebe, und Vertreterinnen der freien Liebe in kapitalistischen Gesellschaften wurden von Frauenrechtlerinnen des Mainstreams angefeindet, die fürchteten, das Thema der sexuellen Freiheit schade ihrem gesellschaftlichen Ansehen und damit ihrem Kampf für die Rechte der Frauen. Radikale und bürgerliche Feministinnen waren sich jedoch einig, dass Frauen das Recht hatten, sich gegen «maßlose» sexuelle Ansprüche der Männer und eine übermäßige Zahl an Schwangerschaften zu wehren. Sie vertraten das Recht der Frau, über ihren eigenen Körper zu verfügen, und traten für die «freiwillige Mutterschaft» ein. Während einige die Lösung in besserer Sexualerziehung und Zugang zu Verhütungsmitteln sahen, riefen andere die Männer zu größerer Selbstbeherrschung auf, weshalb der Arzt William Acton 1871 klagte:

> In den letzten Jahren, in denen so großes Aufhebens um die Rechte der Frauen gemacht wurde, haben mir Männer immer wieder geklagt, unter welchen Härten sie als Gatten von Frauen litten, die sich als Märtyrerinnen sehen, wenn sie ihren ehelichen Pflichten nachkommen sollen. Die Aufsässigkeit ist unerträglich geworden.

In einer Gesellschaft, in der Abtreibung illegal, Verhütungsmittel unzuverlässig, die Sterblichkeit der Frauen bei der Geburt oder bei illegalen Abtreibungen hoch und ihre wirtschaftliche Abhängigkeit groß waren, betrachteten die Vertreterinnen der freien Liebe die sexuelle Befreiung als entscheidenden Aspekt der gesellschaftlichen Befreiung der Frauen insgesamt.

Sexuelle Befreiung

Die Frauenbewegungen, die in den 1960er- und 1970er-Jahren aufkamen und auch als «zweite Welle der Frauenbewegung» bezeichnet werden, setzten die Politisierung der Sexualität ganz oben auf ihre Tagesordnung. Der gesellschaftliche Hintergrund war jedoch inzwischen ein ganz anderer geworden. Diese Frauenbewegungen formierten sich in den westlichen Gesellschaften der Nachkriegszeit, in denen sich die traditionellen Geschlechterbeziehungen durch den Eintritt der Frauen in die Arbeitswelt grundlegend verändert hatten. Arbeit und staatliche Unterstützung machten Frauen wirtschaftlich unabhängiger und beförderten einen Prozess der Enttraditionalisierung von Ehe, Familie und Geschlechterrollen. Vor allem Frauen der Mittelschicht konnten immer freier über ihr eigenes Leben entscheiden. Gleichzeitig sorgte die wachsende Scheidungsrate jedoch für eine Feminisierung der Armut, vor allem unter alleinerziehenden Müttern in Ländern mit schwachen sozialen Netzen.

Parallel dazu ergaben sich auf dem Gebiet der Geburtenkontrolle wichtige gesellschaftliche Veränderungen. Margaret Sanger, die sich für bessere Geburtenkontrolle einsetzte, hatte schon 1921 die American Birth Control League gegründet; sie hatte lange ein pharmazeutisches Verhütungsmittel gefordert und sich 1950 mit Wissenschaftlern getroffen, um Möglichkeiten zu erörtern. Sanger tat sich mit der Philanthropin Katherine McCormick zusammen, die einen Großteil der Forschungs- und Entwicklungskosten trug, und von 1960 an war im Westen das moderne Verhütungsmittel namens «Pille» verfügbar. Da es nun zum ersten Mal in der Geschichte der Menschheit ein wirkungsvolles Verhütungsmittel gab und wenig später neue Reproduktionstechnologien wie die künstliche Befruchtung folgten, gehörte das berühmte freudsche Diktum «Anatomie ist Schicksal» der Vergangenheit an. Trotzdem standen viele Feministinnen der Pille zunächst ablehnend gegenüber. Für sie handelte es sich um ein weiteres Beispiel für die männliche Kontrolle über den weiblichen Körper, zumal das anfangs sehr hoch dosierte Produkt zahlreiche Nebenwirkungen hatte.

Diese Trennung von Geschlechtsverkehr und Fortpflanzung bedeutete eine radikale Veränderung der weiblichen Sexualität, die wiederum profunde Auswirkungen auf die männliche Sexualität nach sich zog. Es ist zwar umstritten, inwieweit Verhütungsmittel die sexuelle Revolution der 1960er- und 1970er-Jahre ermöglichten, doch sie waren sicherlich eine wichtige Voraussetzung. Die zunehmende sexuelle Toleranz und die gesellschaftliche Umdeutung von Liebe, Sex und Beziehungen, die sich von Ländern wie den Niederlanden, Schweden und Dänemark über den gesamten Westen ausbreiteten, veränderten die gesamte

Landschaft der Sexualität. Die sozialen Bewegungen, die sich seit den 1960er-Jahren formierten – allen voran die Bürgerrechtsbewegung der Vereinigten Staaten, die Friedensbewegung mit ihrem Slogan «Make Love, Not War» und die Studentenproteste in Ländern wie Frankreich, Deutschland, den Niederlanden und Großbritannien –, standen unter dem Einfluss von Erich Fromm, Wilhelm Reich, Herbert Marcuse und anderen Theoretikern der sexuellen Befreiung. Für sie war die Befreiung des «natürlichen» Sexualtriebs aus der bürgerlichen Unterdrückung Teil eines umfassenderen Projekts zur Überwindung einer kapitalistischen und autoritären Gesellschaftsordnung.

Die neue sexuelle Freiheit, wie sie der «Sommer der Liebe» des Jahres 1967 symbolisiert, wird von Soziologen wie Anthony Giddens gern als «geschlechtsneutrale» Revolution beschrieben, die Frauen größere sexuelle Autonomie verschaffte. Viele Feministinnen schlossen sich der sexuellen Revolution zunächst begeistert an, weil sie die sexuelle Befreiung als Teil der Befreiung der Frauen ganz allgemein sahen. Mit dem Ende der 1960er-Jahre entstanden in vielen Ländern Gruppen, die ein neues Bewusstsein schaffen wollten und Frauen anhielten, ihre Körper und ihre Lust zu erforschen. Ein Beispiel von vielen waren die «bodysex workshops», die 1973 von der Sexualaufklärerin Betty Dodson ins Leben gerufen wurden. In ihrem Buch *Sex for One* beschrieb sie die Masturbation als eine Möglichkeit, die Unterdrückung der weiblichen Sexualität zu überwinden, und in ihren Workshops leitete sie nackte Teilnehmerinnen in kollektiven «Orgasmusritualen» mit Vibratoren an. Dodson war eine erklärte Swingerin und wandte sich gegen monogame Besitzansprüche, Eifersucht und sexuelle Schuldgefühle – Gedanken, die andere Sexrevolutionäre der Zeit begeistert aufgriffen. In seinem Buch *More Joy of Sex*, dem Nachfolgebuch zu seinem erfolgreichen Sexratgeber *Joy of Sex,* zeichnet der populäre Sexualforscher Alex Comfort beispielsweise ein positives Bild des Swingers, auch wenn er vor Partnertausch mit engen Freunden oder Wildfremden warnte (in späteren Auflagen, die nach Ausbruch der Aids-Epidemie erschienen, riet er wieder gänzlich davon ab).

Doch die sexuelle Revolution brachte alles andere als die «erfüllende Liebes- und Sexualbeziehung zwischen gleichberechtigten Partnern», wie sie sich die Vertreterinnen der freien Liebe vorgestellt hatten. Die kulturellen Veränderungen, die mit der sexuellen Revolution einhergingen, wurden vor allem von Männern angeführt und bestätigten die ungleichen Machtverhältnisse zwischen den Geschlechtern. Sie erhoben eine Promiskuität zur Norm, die nach Ansicht feministischer Kritikerinnen den Männern mehr nützte als den Frauen. Bücher wie Sheila Jeffreys *Anticlimax* (1990) argumentierten, die sexuelle Revolution habe weniger eine sexuelle Befreiung für Frauen

als eine Befriedigung der Männerfantasie weiblicher
Verfügbarkeit bedeutet. Das Schlagwort der sexuellen
Befreiung habe vielmehr die männliche Kontrolle
über die weibliche Sexualität legitimiert und es
schwieriger gemacht, sexuelle Annäherungen zurück-
zuweisen. Die feministische Autorin Beatrix Campbell schrieb 1980:

Die Ära der sexuellen Offenheit hatte Vorteile für
Frauen, da sie den politisch-sexuellen Raum öffnete.
Sie erlaubte auch Frauen den Geschlechtsverkehr.
Doch sie schützte Frauen nicht vor den sehr unterschiedlichen Folgen der sexuellen Offenheit für Männer und Frauen … Es ging um die Bestätigung der
Sexualität und Promiskuität junger Männer: Die Befreiung der Sexualität war vor allem eine Feier der
männlichen Sexualität.

Auch die Hoffnungen der marxistischen Befreiungs-
theoretiker wurden nicht eingelöst. Die sexuelle Revolution bedeutete keineswegs den Sturz des Kapitalismus durch die freie Herrschaft des Lustprinzips, wie
sich dies Marcuse und Reich erhofft hatten. Die Beseitigung von moralischen Schranken bedeutete vielmehr eine beispiellose Verdinglichung und Vermark-
tung der Sexualität. Die Sexbranche boomte und
wurde zu einem wichtigen Akteur der internationalen
kapitalistischen Wirtschaft. *The Joy of Sex* hatte noch

vorhergesagt, die sexuelle Befreiung werde die Prostitution überflüssig machen, weil Frauen nun bereit seien, die sexuellen Bedürfnisse der Männer kostenlos zu befriedigen, doch in Wirklichkeit erlebten Prostitution und Pornografie einen beispiellosen Aufschwung. So fanden Prostitution und Pornografie bald den Weg zurück auf die Agenda der Frauenbewegung.

Die Politik des Orgasmus

Sexualität wurde zu einem der zentralen Themen der zweiten Welle des Feminismus. Die sexuelle Unterdrückung galt als einer der entscheidenden Orte, für einige sogar als *der* entscheidende Ort der Machtausübung von Männern über Frauen. Mit dem Schlagwort «Das Private ist politisch» brachte die neue Frauenbewegung die Vorstellung zum Ausdruck, dass die persönliche Lebenserfahrung vieler Frauen ihre Wurzeln in der gesellschaftlichen Unterdrückung der Frauen insgesamt hatte. In der politischen Arbeit nahm daher die Bewusstseinsarbeit einen wichtigen Stellenwert ein, mit der Frauen die strukturellen Grundlagen ihrer eigenen Situation vor Augen geführt werden sollten. Im Zusammenhang der Politisierung des Privaten wurde die Sexualität heftig diskutiert und problematisiert. Seit den 1970er-Jahren spielte sie eine wichtige Rolle in der feministischen Theorie und Praxis; dabei ging es um Themen wie das Recht der Frau auf Lust, das

Recht, Nein zu sagen, die politische Lesbenbewegung, Verhütung, Abtreibung, Vergewaltigung, Missbrauch, Pornografie, Prostitution und sexuelle Belästigung – überwiegend Themen, die der politische Mainstream in der Privatsphäre verortete. Der feministische Aktivismus setzte sich außerdem zum Ziel, die Sexualpolitik in die Politik zu tragen – überwiegend mit Erfolg.

Bei der Problematisierung der Sexualität vertraten Feministinnen jedoch keineswegs eine einheitliche Position. Seit der Veröffentlichung von Kate Milletts *Sexus und Herrschaft* (1971) haben die unterschiedlichsten Stimmen ihren Beitrag zur Debatte um Macht und Sexualität geleistet. Differenzen bei der Beurteilung der Rolle der Sexualität in den Machtverhältnissen zwischen Männern und Frauen führten zu politischen und theoretischen Zerwürfnissen. Einflussreiche sozialistische Feministinnen wie Zillah Eisenstein, Michèle Barrett, Juliet Mitchell oder die französische Gruppe Psych et Po (Psychoanalyse und Politik) wandten sich dem Marxismus, der Psychoanalyse oder einer Mischung der beiden zu, um sexuelle Unterdrückung und ihre Beziehung zum Kapitalismus zu untersuchen. Andere lehnten die Psychoanalyse ab, weil sie diese als zutiefst frauenfeindlich wahrnahmen. Auch die marxistische Vorstellung, die Ausbeutung der Frau ende mit dem Verschwinden des kapitalistischen Staats, stieß auf Kritik: «So lange können wir nicht warten», schrieb Germaine Greer in *Der weibli-*

che Eunuch (1971). In den folgenden Jahrzehnten kamen Alternativen auf, darunter poststrukturalistische, postmoderne und postkoloniale Analysen von Geschlecht und Sexualität, die heute mit psychoanalytischen. materialistischen und postmarxistischen Theorien konkurrieren.

Einer der zentralen Streitpunkte in der Diskussion um die weibliche Sexualität wurde von der Sexualwissenschaft aufgebracht. Wie wir in Kapitel 2 gesehen haben, hatte die Sexualwissenschaft die weibliche Sexualität lange als einfache Reaktion auf männliche Instinkte verstanden. Indem Alfred Kinsey die weibliche Sexualität als eigenes Forschungsgebiet verstand, machte er den Weg zu einer neuen Erforschung und Interpretation der weiblichen und der männlichen Sexualität frei. Sexualwissenschaftler wie William Masters und Virginia Johnson, Helen Fisher, Helen Singer Kaplan und Shere Hite gingen diesen Weg weiter, genau wie Nancy Fridays Bestseller zu den sexuellen Fantasien von Männern und Frauen. Die Untersuchung der weiblichen Sexualität wurde vor allem durch Kontroversen um den weiblichen Orgasmus und seine Verbindung zur weiblichen Anatomie beherrscht. Die neue Frauenbewegung begeisterte sich für die Forschungsarbeiten von Masters und Johnson, die bei ihrer Beobachtung von mehr als 10000 männlichen und weiblichen Orgasmen festgestellt hatten, dass Frauen nahezu grenzenlos orgasmusfähig waren.

In ihrem Buch *The Pleasure Bond* (1970) hatten die beiden Sexualwissenschaftler, die sich einige Jahre zuvor als «nicht im Entferntesten feministisch» bezeichnet hatten, die Befreiung der Frau mit der sexuellen Befreiung gleichgesetzt und sich gegen die Doppelmoral ausgesprochen, die von Frauen verlange, ihre sexuellen Bedürfnisse zu unterdrücken. Indem sie die wichtige Rolle der Klitoris beim weiblichen Orgasmus betonten, standen sie im Widerspruch zu früheren Sexualforschern, die den vaginalen Orgasmus als überlegen, natürlich und, wie manche Psychoanalytiker behaupteten, reifer ansahen. Marie Bonaparte, eine der bekanntesten Vertreterinnen der freudschen Psychoanalyse in Frankreich, hatte beispielsweise in den 1950er-Jahren zur Behandlung der Frigidität einen chirurgischen Eingriff vorgeschlagen, der die Klitoris näher an die Vagina brachte; mit dieser Operation sollte die «mangelhafte» weibliche Anatomie in Einklang mit den freudschen Vorstellungen einer reifen Sexualität gebracht werden. In seinem Buch *The Sexually Adequate Woman* (1963) brachte der Sexualwissenschaftler Frank Caprio eine verbreitete Vorstellung auf den Punkt, als er schrieb:

> *Wenn eine Frau nicht in der Lage ist, über den Koitus zum Orgasmus zu gelangen (vorausgesetzt, ihr Mann ist ein geeigneter Partner), und die Stimulation der Klitoris oder andere sexuelle Handlungen vorzieht,*

dann kann sie als frigide gelten und bedarf der psychiatrischen Behandlung.

In ihrem einflussreichen Aufsatz «The Myth of the Vaginal Orgasm» (1970) griff Anne Koedt diese Vorstellung scharf an und erklärte:

> *Damit werden Frauen sexuell über etwas definiert, das Männer befriedigt, doch unsere eigene Biologie wurde damit nicht ausreichend analysiert. Vielmehr wird von uns erwartet, dass wir den Mythos von der befreiten Frau und ihrem vaginalen Orgasmus schlucken – doch diesen Orgasmus gibt es gar nicht.*

Koedt behauptet, dass Frauen, die vorgaben, einen vaginalen Orgasmus gehabt zu haben, diesen entweder vortäuschten oder sich irrten. Das normative Beharren auf dem vaginalen Orgasmus in der Psychoanalyse und der Sexualwissenschaft stand damit für viele Feministinnen stellvertretend für die männliche Unterdrückung der weiblichen Sexualität und wurde bei der Politisierung der Sexualität ein wichtiges Thema. Die feministische Sexualwissenschaftlerin Shere Hite, deren Untersuchungen zur männlichen und weiblichen Sexualität zu internationalen Bestsellern wurden, machte die Geschlechterpolitik des Orgasmus zu einem ihrer zentralen Themen. In *Hite-Report: Das sexuelle Erleben der Frau* (1977) behauptete sie: «Mangelnde sexuelle Befriedigung ist ein weiteres Zeichen der Unterdrückung der Frau.» Ihre *Hite-Reports* basierten auf groß angelegten Befragungen unter Männern und Frauen. Einer ihrer umstrittensten Erkenntnisse zufolge erlebten «nur rund 30 Prozent aller untersuchten Frauen beim Geschlechtsverkehr regelmäßig einen Orgasmus». Das Ergebnis selbst war keineswegs neu. Sexualwissenschaftler hatten schon lange beobachtet, dass sich viele Frauen kaum für den Geschlechtsverkehr zu begeistern schienen, und frühere Untersuchungen von Alfred Kinsey oder von Masters und Johnson hatten ergeben, dass Frauen von der Penetration allein noch keinen Orgasmus bekamen. Hite benutzte diese Beobachtung jedoch, um das vorherrschende Verständnis der Sexualität zu hinterfragen, das Sexualität auf heterosexuellen Geschlechtsverkehr reduzierte und daher zu dem Schluss kam, die meisten Frauen seien «frigide».

Masters und Johnson waren die wichtigste Zielscheibe von Hites Kritik. Trotz ihrer Neubewertung der Klitoris erklärte das Wissenschaftlerpaar, zur «normalen» Sexualität gehöre ein Orgasmus beim Geschlechtsverkehr, und die Klitoris werde automatisch durch die Reibung und die Stöße des Penis erregt. Das provozierte die Feministin Alix Shulman zu dem Kommentar: «Genau wie der Penis des Mannes bei jedem Schritt von der Unterhose ‹erregt› wird.» Für Männer und Frauen, die nicht in ihr Schema passten,

entwickelten Masters und Johnson eine Sexualtherapie, die den «Patienten» helfen sollte, ihre «Funktionsstörungen» zu überwinden, indem sie «den Geschlechtsverkehr wieder in ihren natürlichen Kontext
bringt»; mit anderen Worten sollten die Teilnehmerinnen lernen, beim Geschlechtsverkehr zum Orgasmus
zu kommen. Nach den Schätzungen von William Masters wurden in den ersten fünf Jahren nach der Veröffentlichung von *Impotenz und Anorgasmie* allein in
den Vereinigten Staaten zwischen 3500 und 5000 Kli-
niken eröffnet, die sexuelle Funktionsstörungen be-
handelten. Masters und Johnson revolutionierten die
Sexualtherapie, indem sie «unglaublich verwundbaren
alleinstehenden Männern», wie sie sie nannten, zur
Behandlung von Funktionsstörungen Ersatzpartnerinnen zur Verfügung stellten. Die «sexuell unzuläng-
lichen alleinstehenden Frauen» erhielten dagegen keine Ersatzpartner, mit der Begründung, dies stehe im
Widerspruch zum «sexuellen Wertesystem» der Zeit;
später gaben sie auch die Ersatzpartnerinnen auf,
nachdem ein zorniger Ehemann sie verklagt hatte, weil
sich seine Frau als Freiwillige gemeldet hatte.

Hite machte klar, dass sie meisten Frauen sehr wohl
in der Lage waren, einen Orgasmus zu erleben, wenn
auch nicht durch die Penetration. In der Tat schienen
die meisten Frauen in ihrer Befragung in der Lage, sich
selbst zu erregen und körperliche Lust zu empfinden,
so Hite. «Von den 82 Prozent der Frauen, die angaben,

zu masturbieren, kommen 95 Prozent leicht und regelmäßig zum Orgasmus, wann immer sie wollen», schrieb Hite. Das Problem war also nicht die weibliche «Unfähigkeit zum Orgasmus beim Koitus», wie Masters und Johnson dies behaupteten, sondern die gesellschaftliche Vorgabe sexueller Normen, so Hite:

> *Die Tatsache, dass Frauen, wann immer sie wollen, leicht und lustvoll zum Orgasmus kommen (und viele Frauen auch mehrfach hintereinander), zeigt ohne jeden Zweifel, dass Frauen wissen, wie sie sich selbst befriedigen können – sie müssen es nicht erst lernen. Nicht die weibliche Sexualität hat ein Problem (oder eine «Fehlfunktion»), sondern die Gesellschaft hat ein Problem mit ihrer Definition des Geschlechtsverkehrs und der untergeordneten Rolle, die sie der Frau darin zuweist.*

Frauen befänden sich in einem Verhältnis der «Sexsklaverei», weil sie die Lust der Männer befriedigten und darüber ihre eigenen Bedürfnisse vergäßen, so Hite. Ihrer Ansicht nach war das biologische Modell der Sexualwissenschaft identisch mit der Unterdrückung der Frauen durch das Patriarchat:

Es ist eine Tatsache, dass die Rolle der Frauen beim Geschlechtsverkehr wie in allen anderen Lebensbereichen darin besteht, die Bedürfnisse anderer zu befriedigen – die ihres Mannes und die ihrer Kinder. Und genau wie Frauen bis vor Kurzem ihre generelle Unterdrückung nicht wahrgenommen haben, war auch die Sexsklaverei eine unbewusste Lebensform für die meisten Frauen und basierte auf dem angeblich ewigen und unveränderlichen biologischen Trieb … Unser Modell von Sex und körperlichen Beziehungen wird durch die Kultur, nicht die Biologie definiert und lässt sich umdefinieren oder entdefinieren.

Hite bezog sich also auf das gesellschaftliche Modell der Sexualität und erklärte:

> *Das in unserer Kultur vorherrschende Muster der Sexualbeziehungen beutet Frauen aus und unterdrückt sie. Es hat jeglichen sexuellen Ausdruck von Frauen beseitigt, abgesehen von denjenigen, die der Befriedigung männlicher Bedürfnisse dienen.*

Anders als einige traditionelle Sexualwissenschaftler sah Hite die vermeintliche Lustlosigkeit der Frauen beim Geschlechtsverkehr daher nicht als Ausdruck von sexuellen Hemmungen, von denen die Frauen «befreit» werden müssten, sondern als politischen Akt des Widerstands «gegen eine Institution, die sie nicht in gleichberechtigter Weise mitgeschaffen haben»; in ihrem *Hite-Report: Das sexuelle Erleben des Mannes* (1981) verglich sie dies sogar mit Gandhis passivem Widerstand gegen die britische Herrschaft in Indien.

Hite bekämpfte die «sexuellen Wahrheiten» der Sexualwissenschaft mit ihren eigenen Waffen, indem sie ihre Behauptungen mit «wissenschaftlichen» Daten und Methoden unterfütterte. Trotzdem wurden ihre Veröffentlichungen Ziel heftiger Angriffe von Sexualwissenschaftlern wie Wardell Pomeroy, Mitautor des *Kinsey Report*, der ihr mangelhafte Methodik, politische Voreingenommenheit und einen feministischen Einschlag vorwarf. Feministinnen wie Jane Gallop wiederum kritisierten Hites «Wissenschaftsfantasie», also ihr Beharren auf der Wissenschaftlichkeit ihrer Arbeit, weil sie sich damit auf dieselbe «männliche Ebene» begebe wie andere Sexualwissenschaftler.

Einige Feministinnen kämpften für eine Reform der Institution der Heterosexualität, die ihrer Ansicht nach männliche Bedürfnisse bevorzugte; sie riefen zum besseren Sex auf und bezeichneten die Klitoris als «neuen besten Freund» der Frau. Wieder andere formulierten den «politischen Lesbianismus» als Alternative. Nachdem die amerikanische Feministin Ti-Grace Atkinson Anfang der 1970er-Jahre verkündet hatte, Feminismus sei die Theorie und Lesbianismus die Praxis, forderten Autorinnen wie Sheila Jeffreys von der Gruppe der Revolutionären Feministinnen aus dem englischen Leeds Frauen auf, ihre Männer zu verlassen, solange sich die Machtverhältnisse zwischen Männern und Frauen nicht änderten. Dies ermögliche Solidaritätsbeziehungen unter den Frauen, auch wenn Frauen keinen Geschlechtsverkehr mit anderen Frauen haben müssten. Die Revolutionären Feministinnen schrieben:

Wir sind der Ansicht, dass alle Feministinnen politische Lesben sein können und sollten. Unsere Definition einer politischen Lesbe ist eine mit Frauen identifizierte Frau, die keine Männer fickt. Das verpflichtet aber nicht zum Geschlechtsverkehr mit Frauen.

Indem die politischen Lesben den Lesbianismus nicht als biologische Identität, sondern als politische Entscheidung darstellten, machten sie aus dem gesellschaftlichen Modell der Sexualität ein politisches. Sexuelle Identität werde nicht nur durch kulturelle, gesellschaftliche und historische Zusammenhänge definiert, sondern sei eine Frage der freiwilligen politischen Entscheidung. Die Revolutionären Feministinnen erklärten, da die Unterdrückung der Frauen durch Männer vor allem durch die Sexualität aufrechterhalten werde, sei der politische Lesbianismus eine entscheidende politische Strategie im Kampf gegen das Patriarchat: »Männer sind der Feind. Heterosexuelle Frauen machen sich der Kollaboration mit dem Feind schuldig.«

Autorinnen wie Sheila Jeffreys und Adrienne Rich sahen im Lesbianismus eine Form des Widerstands gegen das Patriarchat, auch wenn dieser keinen Geschlechtsverkehr beinhaltete. In einem Aufsatz aus dem Jahr 1980 vertrat Rich die Vorstellung eines «lesbischen Kontinuums»; demnach konnten alle Frauen eine Vielzahl weiblicher Erfahrungen machen, von der «Solidarität im Kampf gegen die männliche Tyrannei» bis zum genitalen Geschlechtsverkehr mit anderen Frauen. Im Gegensatz zu Jeffreys verlangte Rich also nicht, dass sich Frauen zum Lesbianismus bekannten. Die Vorstellung des «lesbischen Kontinuums» bot eine Möglichkeit, Solidarität zwischen Frauen herzustellen und Bündnisse zwischen heterosexuellen und lesbischen Frauen einzugehen.

Andere Stimmen in der Frauenbewegung forderten dagegen einen «lesbischen Separatismus», also nicht nur einen Ausschluss der Männer, sondern auch der heterosexuellen Frauen aus dem Leben der Lesben. Letztere machten sich nach Ansicht der lesbischen Separatistinnen der Kollaboration schuldig, da sie mit dem Feind schliefen. Im Manifest «The Woman-Identified Woman» (1971) des US-amerikanischen Kollektivs Radicalesbians hieß es: «Unsere Energien müssen hin zu unseren Schwestern fließen, nicht zurück zu unseren Unterdrückern.» In vielen westlichen Ländern entstanden ähnliche Gruppen wie die Chicago Lesbian Liberation, die Lesbian Separatist Group, Tribad und Collective Lesbian International Terrors in den Vereinigten Staaten oder die Front des Lesbiennes Radicales in Frankreich. Dabei handelte es sich jedoch lediglich um extreme Randgruppen innerhalb der Frauenbewegung, bei anderen Feministinnen stießen die Separatistinnen zum Teil auf heftige Ablehnung und wurden der Scheinheiligkeit und einer «Phallus-Obsession» (Lynne Segal) bezichtigt. In Frankreich führte der Streit um den lesbischen Separatismus zum Ende der bekannten feministischen Zeitschrift *Questions Féministes*, die 1977 von einem Kollektiv um Colette Capitan Peter, Christine Delphy, Emmanuelle de Lesseps, Nicole-Claude Mathieu und Monique Plaza unter Leitung von Simone de Beauvoir gegründet worden war (später kamen noch Autorinnen wie Colette Guillaumin und Monique Wittig dazu). Während die Redakteurinnen, die aus der Zeitschrift ausschieden, ihren Schritt mit den Worten begründeten, «im Geschlechterkampf ist der Heterofeminismus Kollaboration», bezeichneten die verbleibenden Redakteurinnen bei der Neugründung der Zeitschrift *Nouvelles Questions Féministes* im Jahr 1981 den lesbischen Separatismus als «terroristisch», «totalitär» und «unvereinbar mit den Prinzipien des Feminismus» und betonten: «Alle Frauen werden von Männern als Gruppe unterdrückt; der Feminismus ist der Kampf gegen die *gemeinsame* Unterdrückung.»

Der feministische Sexkrieg

Kontroversen um den lesbischen Separatismus sorg-
ten auch in der Gruppe «Women Against Pornography» (WAP) für Spannungen, die 1976 unter anderem
von so prominenten Figuren wie Andrea Dworkin,
Shere Hite, Gloria Steinem und Adrienne Rich gegründet worden war. Debatten um Pornografie und
Prostitution führten wiederum zu heftigen Auseinandersetzungen unter Feministinnen, vor allem in den
1980er-Jahren. Nach Ansicht von Organisationen wie
der US-amerikanischen Women Against Violence

Abbildung 6: *Eine feministische Demonstration gegen Pornografie in
New York, 1979.*

Against Women, der britischen Campaign Against Pornography und der neuseeländischen Women Against Pornography waren Pornografie und Prostitution zentrale Aspekte der Unterdrückung der Frauen. Feministinnen wie Susan Brownmiller, Andrea Dworkin, Catherine MacKinnon und Susan Griffin sahen in beidem Formen der Gewalt gegen Frauen und sexuelle Gewalt ganz allgemein als entscheidenden Aspekt der männlichen Herrschaft.

Sie gründeten ihre Kritik an der sexuellen Ausbeutung der Frauen in der kontroversen Auffassung, die männliche Sexualität sei grundsätzlich gewalttätig. In ihrem Buch *Against Our Will* (1975), einer Analyse der Vergewaltigung, schrieb Susan Brownmiller:

> *Von der Frühgeschichte der Menschheit bis heute kommt der Vergewaltigung eine entscheidende Aufgabe zu. Sie ist nicht mehr und nicht weniger als eine bewusste Einschüchterungsstrategie, mit der alle Männer alle Frauen in einem ständigen Zustand der Angst halten.*

Vergewaltigung sei ein «politisches Verbrechen gegen Frauen», so Brownmiller, und eine Waffe des Patriarchats, wie schon Kate Millett geschrieben hatte. Shere Hite stimmte dem zu und schrieb in ihrem Bericht über männliche Sexualität:

Heute ist die gewaltsame körperliche Vergewaltigung eine übermächtige Metapher für die körperliche, emotionale und spirituelle Vergewaltigung eines ganzen Geschlechts durch unsere Kultur.

Aus dieser Sicht war die Pornografie nur ein weiterer Ausdruck der Gewalt von Männern gegen Frauen, sowohl während des Produktionsprozesses des pornografischen Materials als auch in seinen Folgen, da es Männern beibrachte, die sexuelle Erniedrigung und den Missbrauch von Frauen zu erotisieren. Andrea Dworkin weitete diese Einschätzung auf den Geschlechtsverkehr selbst aus und behauptete, die sexuelle Unterwerfung in der Pornografie sei ein zentraler Aspekt dessen, wie Männer und Frauen in einer patriarchalen Gesellschaft Geschlechtsverkehr erfahren. Im Jahr 1987 schrieb sie:

Beim Fick bringt der Mann die Geografie seiner Herrschaft zum Ausdruck: Ihr Geschlecht und ihr Inneres werden Teil des männlichen Herrschaftsgebiets. Er kann sie in Besitz nehmen, ihr Herr und Meister sein und auf diese Weise seinen privaten Besitzanspruch ausdrücken (ein Anspruch, der aus seinem Geschlecht herrührt); oder er kann sie besitzen, indem er sie unpersönlich fickt und auf diese Weise ohne Maske und Manieren den kollektiven Besitzanspruch zum Ausdruck bringt.

In dieser Beschreibung trifft sich Dworkin mit den Revolutionären Feministinnen aus Leeds, die acht Jahre zuvor geschrieben hatten:

> *Nur im Unterdrückungssystem der männlichen Herrschaft dringt der Unterdrücker sogar in den Körper der Unterdrückten ein und nimmt deren Inneres in Besitz ... Die Penetration ist ein Akt von großer symbolischer Bedeutung, durch den der Unterdrücker das Körperinnere der Unterdrückten in Besitz nimmt.*

Dieser Vorstellung zufolge war die männliche Sexualität an sich gewalttätig. Während Dworkin die Gewalt im historischen Zusammenhang der herrschenden Geschlechterverhältnisse sah, kritisierte Catharine MacKinnon die gesellschaftlichen Theorien der Sexualität, weil sie ihrer Ansicht nach die universelle Unterdrückung der Frauen durch sexuellen Missbrauch, Vergewaltigung. Prostitution und Pornografie verschleierten. Die kurzlebige Frauengruppe Women Against Sex zog daher Ende der 1980er-Jahre den Schluss:

> *Aus der Praxis der Sexualität gibt es nur einen Ausweg: raus ... Es gibt keine Alternative zum männlichen Herrschaftssex ... Der Orgasmus ist das epistemologische Zeichen des Sexuellen und daher fester Bestandteil der Unterdrückung von Frauen.*

Dem stimmten allerdings nicht alle Feministinnen zu. Kritikerinnen wie Ellen Willis, Gayle Rubin, Susie Bright, Lynne Segal, Carol Queen und Carol Vance definierten sich als «sex-positive» Feministinnen, im Gegensatz zu der Sexfeindlichkeit, die sie in den Anti-Pornografie- und Anti-Prostitutions-Bewegungen erkannten. Sie beschuldigten die Vertreterinnen der Anti-Pornografie-Bewegung einer zu starken Vereinfachung, weil sie beispielsweise nicht zwischen Gewalt verherrlichender, frauenfeindlicher Pornografie und Pornografie von Lesben für Lesben unterschieden. Sie lehnten «deprimierende» Vorstellungen ab, die weibliche Lust beim Geschlechtsverkehr als das Produkt männlicher Gehirnwäsche bezeichneten. Sie warfen der Anti-Pornografie-Bewegung vor, mit ihren juristischen Strategien die Meinungsfreiheit insgesamt zu gefährden. Und sie warnten vor Bündnissen mit religiösen Fundamentalisten, die gleichzeitig die Rechte von Frauen und Homosexuellen bekämpften.

In den Vereinigten Staaten wurden Anfang der 1980er-Jahre Organisationen wie die Feminist Anti-Censorship Taskforce (FACT) gegründet, um das juristische Vorgehen gegen die Pornografie zu verhindern, wie es Dworkin und MacKinnon anstrebten. Gleichzeitig wandten sich internationale feministische Organisationen wie die von Thailand aus operierende Global Alliance Against Traffic in Women gegen die Forderung zur Abschaffung jeglicher Prostitution, wie sie zum Beispiel die US-amerikanische Coalition Against Trafficking in Women (CATW) vertrat. Die Allianz bekämpfte zwar Zwangsprostitution und Menschenhandel, doch sie forderte eine Entkriminalisierung freiwilliger Prostitution, die sie als «Sexarbeit» bezeichnete. Gleichzeitig wandten sich Frauen in der Pornoindustrie sowie Prostituierte, die sich in eigenen Interessengruppen und Gewerkschaften zu organisieren begannen, vehement gegen Feministinnen, die ihre Tätigkeit per se als Erniedrigung bezeichneten (auch wenn sich die prominente Pornodarstellerin Linda Boreman, die im be-

Abbildung 7: *Japanisches Sexspielzeug, 1830.*

rüchtigten Pornofilm *Deep Throat* die Linda Lovelace gespielt hatte, MacKinnon und Dworkin anschloss). Organisationen von Sexarbeiterinnen vertraten die Auffassung, die politischen Bemühungen sollten auf eine Legalisierung und Verbesserung der Arbeitsbedingungen in der Sexindustrie zielen und nicht auf eine Beseitigung des Gewerbes. Der «sex-positive» Feminismus brachte vor allen in den Vereinigten Staaten außerdem eine Reihe florierender Unternehmen hervor, die sich auf frauenfreundliches Sexspielzeug spezialisierten und Veröffentlichungen wie *Good Vibrations, Babeland*, die lesbische Zeitschrift *On Our Backs* oder den Verlag Down There Press hervorbrachten.

Die Auseinandersetzung zwischen den «sex-positiven» Feministinnen einerseits und der Anti-Pornografie- und Anti-Prostitutionsbewegung andererseits, die von Lisa Duggan und Nan Hunter als «Sexkrieg» bezeichnet wurde, führte seit den 1980er-Jahren zu einer tiefen und nachhaltigen Spaltung der Frauenbewegung. Die beiden Lager unterschieden sich allerdings nicht nur hinsichtlich ihrer Haltung zum Sexgewerbe, sondern auch in ihren Vorstellungen der Sexualität und ihrer Rolle im Machtverhältnis der Geschlechter. Die Frauenbewegung wurde von Lesben kritisiert, weil sie bevorzugt heterosexuelle Anliegen behandele; von Arbeiterinnen, weil sie nur die Interessen der Mittelschicht vertrete, und von nicht weißen Frauen, weil sie implizit weiß war. In diesem Zusammenhang kamen in den 1980er-Jahren poststrukturalistische, postkoloniale und postmoderne Geschlechtertheorien auf, die den einfachen Gegensatz zwischen «dem unterdrückenden Mann» und «der unterdrückten Frau» aufbrachen, weil sie bei aller politischen Nützlichkeit in die Irre führten.

Die afroamerikanische Feministin Bell Hooks wies beispielsweise darauf hin, dass sexuelle Gewalt und Vergewaltigung im System der Sklaverei für schwarze Frauen eine zentrale Rolle gespielt hätten und die sexualisierten Darstellungen schwarzer Frauen nach wie vor bestimmten; solche Unterschiede mit Verweis auf eine universelle männliche Unterdrückung zu kaschieren, sei falsch und wenig hilfreich. Umgekehrt wurde dem schwarzen Feminismus vorgehalten, Kultur- und Klassenunterschiede zu vernachlässigen. Beispielsweise beteiligte sich die afroamerikanische Feministin und Romanautorin Alice Walker aktiv an einer internationalen Kampagne gegen die Genitalverstümmelung, die bis heute in einigen Teilen Afrikas und des Nahen Ostens sowie unter Einwanderergruppen in westlichen Ländern praktiziert wird. In Zusammenarbeit mit Aktivistinnen aus der Dritten Welt, zum Beispiel der Ägypterin Nawal El Saadawi, forderten prominente Feministinnen wie Gloria Steinem und Robin Morgan, die Praxis der Genitalverstümmelung als

Form der Gewalt gegen Frauen zu ächten. Infolge der internationalen Kampagnen erklärten die Vereinten Nationen und Amnesty International die Praxis als Verstoß gegen die Menschenrechte, woraufhin sie in zahlreichen westlichen und nicht westlichen Ländern verboten wurde. Nachdem Alice Walker weißen Feministinnen in ihren früheren Büchern vorgehalten hatte, die Stimmen von schwarzen Frauen zu unterdrücken, wurde nun umgekehrt ihrem Roman *Sie hüten das Geheimnis des Glücks* (1992) und dem von ihr mitproduzierten Dokumentarfilm *Warrior Marks*, die sich beide mit der Genitalverstümmelung auseinandersetzten, Kulturimperialismus und Neokolonialismus vorgeworfen, weil sich Walker aufgrund ihrer Hautfarbe anmaßte, für alle afrikanischen Frauen zu sprechen, während sie in Wirklichkeit afrikanische Praktiken aus einer US-amerikanischen Sichtweise darstellte. Ganz allgemein wurden westliche Feministinnen kritisiert, weil sie bei ihrer Kritik an kulturellen Praktiken der Dritten Welt völlig zu übersehen schienen, dass in vielen Industrienationen die «Labioplastik» mit ihren «Schamlippenverkleinerungen» oder «Vaginaverjüngungen» zu den neuen Wachstumsbranchen der Schönheitsindustrie zählt.

Während die meisten Feministinnen das gesellschaftliche dem biologischen Verständnis der Geschlechteridentität und der Sexualität vorziehen würden, hatte die feministische Sexualtheorie zunächst nur die weibliche Sexualität problematisiert und die männliche als weitgehend unproblematisch angesehen. Indem sie die männliche Sexualität als aggressiv bis gewalttätig darstellten, folgten sie implizit den herkömmlichen biologischen Modellen. Feministinnen wie Lynne Segal und Vertreter der Männlichkeitstheorie, die in den 1990er-Jahren an Boden gewann, widersprachen jedoch, dass Männer ihre Sexualität auf diese Weise erleben. Wie Segal schrieb:

> *Viele Männer erleben gerade im Geschlechtsverkehr ihre größte Unsicherheit, Abhängigkeit und Wertschätzung gegenüber Frauen – oft ganz im Gegensatz zu der Erfahrung von Autorität und Unabhängigkeit, die sie im Alltag machen.*

Dass heterosexuelle Männer in Zusammenhang mit ihrer Sexualität Angst, Unsicherheit und Leid erfahren, hatten schon Masters und Johnson beschrieben, und empirische Untersuchungen von Feministinnen wie Shere Hite, Wendy Hollway und Susan Faludi bestätigten dies. Während die feministische Sexualtheorie Heterosexualität oft mit männlicher Herrschaft gleichsetzte, haben einige feministische Autorinnen die Komplexität männlicher und weiblicher Sexualerfahrung hervorgehoben. Sie hinterfragen die Theorie der Männerherrschaft und untersuchen, was die gegenwärtigen Veränderungen der Männlichkeit für die

Dynamik der Sexualbeziehungen von Männern und Frauen bedeuten.

Feministische Analysen identifizierten die Institutionen der Heterosexualität, der Familie und der Intimbeziehung als Ort der Unterdrückung von Frauen durch Männer und damit als Ort der politischen Auseinandersetzung. Daher forderten einige radikale Feministinnen die Abschaffung der Familie (wie zuvor Alexandra Kollontai und Wilhelm Reich) oder einen Boykott der Heterosexualität. Doch indem das Thema der Machtverhältnisse in Intimbeziehungen in den Mittelpunkt gerückt wurde, geriet die Rolle des Staates bei der Regulierung von Familie und Sexualität aus dem Blick. Paradoxerweise haben Feministinnen im Zusammenhang mit der Sexualpolitik den Staat besonders häufig und erfolgreich angerufen, wenn auch nicht bei allen Themen gleichermaßen. Einerseits haben Feministinnen in Fragen wie Vergewaltigung, sexueller Belästigung und Pornografie gesetzliche Regelungen gefordert und diese Themen von der privaten in die politische Sphäre befördert, doch andererseits haben sie sich in Fragen wie der Abtreibung mit Verweis auf die Entscheidungsfreiheit der Frauen gegen staatliche Einmischung gewehrt. Wie wir gesehen haben, verursachte die feministische Sexualpolitik außerdem erhebliche Konflikte unter Feministinnen. Die jüngste Forderung nach einer differenzierteren Analyse der männlichen und weiblichen Sexualität macht deutlich, wie wichtig auch andere Formen der Identität wie Klassenzugehörigkeit und ethnische Herkunft sind, um die Machtverhältnisse zu verstehen, die sexuelle Erfahrungen formen. Wie wir im folgenden Kapitel sehen werden, haben Geschlecht, Klasse und Ethnie auch die Regulierung der Sexualität durch den Staat entscheidend mitgeprägt.

Kapitel 4

Der Staat im Bett

Die komplexen Probleme, vor denen die Vereinigten Staaten heute aufgrund des verantwortungslosen Bevölkerungswachstums stehen, drohen schon bald außer Kontrolle zu geraten. Überall lässt sich beobachten, wie Armut und große Familien Hand in Hand gehen. Diejenigen, die am wenigsten in der Lage sind, das Rennen mitzulaufen, vermehren sich am stärksten. Menschen, die außerstande sind, ihre Kinder zu ernähren, werden von Kirche und Staat angehalten, große Familien zu zeugen … Geld, das wir verwenden sollten, um den Lebensstandard unserer Kultur zu verbessern, wird auf die Ernährung von Menschen verwendet, die nie hätten geboren werden sollen.

MARGARET SANGER (1921)

Die Aids-Krise

Der Zugang zu verlässlichen Verhütungsmitteln, die Legalisierung der Abtreibung und die durch die sexuelle Revolution bewirkte Lockerung der moralischen Kontrolle über die Sexualität öffneten in den 1960er-Jahren ein kleines Fenster für mehr Offenheit, rechtliche Freiheit und sexuelle Experimente. Für kurze Zeit schien die Sexualität von ihren traditionellen Fesseln Krankheit und Sünde befreit worden zu sein. Die Folge waren gewaltige gesellschaftliche Umwälzungen, vor allem für Frauen, für die Sexualität in der Vergangenheit mit Gefahren wie unerwünschten Schwangerschaften, sozialer Ausgrenzung und Tod im Kindbett einhergegangen war. Doch die Freude an der größeren sexuellen Freiheit hielt keine zwei Jahrzehnte lang an. Das Aufkommen der Immunschwächekrankheit Aids Anfang der 1980er-Jahre markierte eine Abwendung vom hedonistischen Genuss der Sexualität als reiner Lustbefriedigung. Die Angst vor Geschlechtskrankheiten kehrte zurück und mit ihr die Furcht vor Prostituierten, Ausländern und «anderen», die eine mögliche Quelle der sexuellen Gefahr darstellten. Auch Religion und Moral hielten erneut Einzug in die Sexualpolitik.

Nach Ansicht des Soziologen Jeffrey Weeks machte Aids deutlich, dass die sexuelle Revolution noch nicht abgeschlossen war. Einerseits wurde Sexualität nach wie vor überwiegend mit Heterosexualität gleichgesetzt, und zwar nicht nur in den Büchern und der therapeutischen Praxis von Sexualwissenschaftlern wie Masters und Johnson oder in der populären Ratgeberliteratur, sondern auch in der feministischen Politisierung der Sexualität (wie lesbische Feministinnen beklagt hatten). Deshalb bezeichnete Sheila Jeffreys die sexuelle Revolution als «heterosexuelle Revolution».

Andererseits schufen die teilweise Befreiung von moralischen Einschränkungen und die teilweise Abschaffung von Gesetzen gegen sexuelle Minderheiten die gesellschaftlichen Bedingungen, unter denen sich diese Minderheiten in der Öffentlichkeit entfalten konnten. Der beispiellose Zulauf, den schwule und lesbische Gruppen in den 1960er- und 1970er-Jahren erlebten, machte die Veränderungen der sexuellen Ordnung sichtbar, die mit der sexuellen Revolution einhergingen, und läutete eine neue Ära des politischen Aktivismus für die Rechte von sexuellen Minderheiten ein. Schwule und Lesben konnten zwar an die Öffentlichkeit treten, doch die Aids-Krise zeigte, dass das alte Vorurteil gegenüber der Homosexualität als «krank» und «abartig» noch lange nicht aus der Welt war. Mit dem Aufkommen von Aids wurde die Sexualität nicht mehr mit Befreiung in Verbindung gebracht, sondern wurde einmal mehr mit Angst besetzt. Daher kam die Sexualwissenschaftlerin Theresa Crenshaw 1987 zu dem Schluss: «Die sexuelle Revolution ist vorüber.»

Die Reaktion auf Aids wurde vom politischen Klima der Zeit bestimmt. In den Vereinigten Staaten und Großbritannien waren die 1980er-Jahre von einem Wiedererstarken des Konservatismus gekennzeichnet. Die moralische Agenda der Konservativen war unter anderem eine Reaktion auf die Forderungen von schwulen Aktivisten und die vermeintliche Bedrohung durch die feministische Kritik am vorherrschenden

Frauenbild. Die Sexualreformen der 1960er-Jahre waren von linken Reformpolitikern vorangetrieben worden, doch Ende der 1980er-Jahre übernahm die Rechte die Zügel mit ihren Forderungen nach moralischer Erneuerung und staatlicher Intervention. Bevorzugte Ziele waren Punkte, in denen in den 1960er-Jahren Liberalisierungen erreicht werden konnten, zum Beispiel die Legalisierung der Abtreibung und der Homosexualität und die größere Meinungsfreiheit (Angriffe auf Letztere gingen allerdings nicht nur von den religiösen Fundamentalisten aus, sondern auch von der feministischen Anti-Pornografie-Bewegung).

Seit am 5. Juni 1981 in Los Angeles der erste Aids-Fall an die amerikanischen Gesundheitsbehörden gemeldet wurde, sind nach Schätzungen der Weltgesundheitsorganisation und des UNO-Programms UNAIDS mehr als 25 Millionen Menschen an der Immunschwächekrankheit gestorben; weltweit leben heute geschätzte 38,6 Millionen Menschen mit dem HI-Virus. Ein Drittel der Aids-Toten stammt aus Schwarzafrika. In Botswana, Lesotho, Swaziland und Simbabwe liegt die Infektionsrate heute bei über 20 Prozent, und in einigen Regionen sollen mehr als 70 Prozent der Bevölkerung mit Aids leben. Diese Zahlen zeigen, dass Aids eine der tödlichsten Epidemien der Menschheitsgeschichte ist. Da das HI-Virus vor allem (aber nicht nur) durch ungeschützten Geschlechtsverkehr übertragen wird, stellte Aids den vergessen geglaubten Zusammenhang

zwischen Sex und Krankheit wieder her. Als Infektions-
krankheit, deren weltweite Ausbreitung durch Fernver-
kehr, Migration, Reisen und andere typische moderne
Formen der Mobilität beschleunigt wurde, erforderte
Aids schnelle nationale und internationale Maßnahmen. Trotzdem reagierten die Regierungen anfangs nur
zögerlich, weil die Krankheit zunächst nur Randgruppen wie schwule Männer, Drogensüchtige und ethnische Minderheiten zu treffen schien. «Unschuldige»
Opfer wie Hämophile wurden zwar bemitleidet, doch
die anderen hatten es sich durch ihre Entartung und
Promiskuität selbst zuzuschreiben, so der Tenor: «Sie
strampeln in einer Jauchegrube, die sie sich selbst ge-
graben haben», wie der Polizeichef von Manchester
1988 sagte.

Für die Konservativen war Aids das Produkt des
moralischen Verfalls der Gesellschaft. In den Vereinigten Staaten, wo in den 1980er-Jahren die meisten Betroffenen einer ethnischen Minderheit angehörten,
wurde die staatliche Untätigkeit noch durch den laten-
ten Rassismus verstärkt. Auch in anderen Ländern
wurde Aids mit Schwarzen und Ausländern in Verbindung gebracht und als etwas gesehen, das von außen
kam. Zunächst wurden repressive Maßnahmen wie
die Quarantäne (die von religiösen Fundamentalisten
befürwortet wurde, die Aids als Strafe Gottes für un-
moralisches Verhalten verstanden wissen wollten),
Zwangstests für «Risikogruppen» und neue Anti-So-

domie-Gesetze angedacht. Diese Maßnahmen wurden vor allem von Konservativen befürwortet, obwohl ihre Wirksamkeit bei der Eindämmung der Krankheit gar nicht bewiesen war. Die Forderung nach Prävention durch Aufklärung lehnten die Konservativen ab, weil diese angeblich die sexuelle Freizügigkeit fördere. Die ersten Jahre zeichneten sich außerdem durch einen hysterischen Umgang der Medien mit der «Schwulenkrankheit» aus.

Da die westlichen Regierungen die Hände in den Schoß legten, kamen die ersten Präventionsmaßnahmen nicht vom Staat, sondern von Basisorganisationen, die aus der Schwulen- und der Frauenbewegung hervorgingen. Schwule Selbsthilfegruppen wie Gay Men's Health Crisis (GMHC) in den Vereinigten Staaten oder der Terrence Higgins Trust in Großbritannien entwickelten das Schlagwort vom «Safe Sex» und Aufklärungsprogramme sowie Unterstützung für Aids-Kranke. Die staatliche Hilfe blieb zunächst spärlich.

Schwulenorganisationen entwickelten ihre eigenen politischen Strategien. Gruppen wie GMHC konzentrierten sich auf Selbsthilfe und setzten es sich zum Ziel, denen Betroffenen dieselbe Unterstützung zu geben, wie sie Angehörige oder enge Freunde geben würden; das war auch notwendig, denn viele Familien übernahmen die gesellschaftlichen Vorurteile gegenüber Aids und Homosexualität und weigerten sich, die Kranken zu unterstützen. GMHC brachte einen radi-

kalen Zweig namens ACT UP (AIDS Coalition to Un-
leash Power) hervor, der neue Medikamente für Menschen mit dem HI-Virus forderte. Sie gaben sich das
Motto «Schweigen = Tod», verwendeten als Logo das
rosa Dreieck, mit dem die Nationalsozialisten in Kon-
zentrationslagern Homosexuelle gekennzeichnet hatten, und arbeiteten generell mit einer Schocktaktik,
die Behörden bloßstellen und zum Handeln zwingen
sollte. Andere Gruppen wie der Lambda Legal Defense
Fund unterstützten Gerichtsverfahren, von denen sie
sich juristische Präzedenzfälle zum Beispiel in Fragen
der Diskriminierung am Arbeitsplatz erhofften; ihr
Ziel war es, die rechtliche Position von Aids-Kranken
und von Schwulen und Lesben ganz allgemein zu stär-
ken. Damit wurde Aids zu einem weiteren Kristallisa-
tionspunkt im Kampf um die Rechte von sexuellen
Minderheiten. Wie Weeks schreibt: «Die Aids-Krise
stärkte die Bande innerhalb der Schwulengemein-
schaft, nicht trotz, sondern gerade wegen der Bedrohung, die die Krankheit für ihr Überleben darstellte.»

Sexualwissenschaftler reagierten genauso langsam
auf die Epidemie wie die staatlichen Behörden. In der
Diskussion um geeignete politische Reaktionen taten
sich tiefe Gräben auf. In ihrer Analyse der amerikanischen Sexualwissenschaft beobachtet die Soziologin
Janice Irvine, dass politisch konservative Sexualforscher wie Helen Singer Kaplan, Theresa Crenshaw und
Masters und Johnson die Vorstellung des «Safe Sex»

als Mythos hinstellten und eine «Wiederherstellung traditioneller Werte» verlangten, wie Crenshaw es ausdrückte. In ihrem marktschreierischen Buch *Das verdrängte Risiko: Sexualverhalten im Aidszeitalter* (1988) behaupteten Masters und Johnson, das HI-Virus könne von Klodeckeln und in Restaurants übertragen werden (eine Behauptung, die Mediziner entschieden zurückwiesen, die aber trotzdem einen Boom von «Anti-Virus-Toilettensprays» auslöste). Sie verlangten Zwangstests für Risikogruppen und die staatliche Verfolgung der Prostitution. Konservative Sexualwissenschaftler sahen sich in der Folge in einem Boot mit religiösen Fundamentalisten, wie Crenshaws Bemerkung aus dem Jahr 1987 verdeutlicht: «Ich habe nichts dagegen, dass konservative Politiker aus religiösen Gründen die sexuellen Praktiken auf die Monogamie beschränken wollen, denn wir wollen sie aus wissenschaftlichen Gründen ebenfalls beschränken, und das Ergebnis ist unterm Strich dasselbe.»

Andere Sexualwissenschaftler lehnten diese Haltung jedoch entschieden ab, und viele beteiligten sich an Aufklärungskampagnen und der Beratung.

Die staatliche Reaktion auf Aids

Mit einiger Verspätung erkannten Ende der 1980er-Jahre die meisten westlichen Regierungen schließlich doch noch die Dringlichkeit von staatlichen Maßnahmen, was zum Teil auf die steigende Zahl der infizierten Heterosexuellen zurückzuführen war. Die politischen Bemühungen fielen jedoch regional sehr unterschiedlich aus. In den meisten Ländern machten die Behörden Präventionskampagnen in Form von Postern, Werbespots und Aufklärungsmaterial und wiederholen diese seit Ende der 1980er-Jahre in periodischen Abständen. Die Schweiz hatte Mitte der 1980er- und Anfang der 1990er- Jahre die höchste HIV-Infektionsrate in Europa, was zum Teil mit dem hohen intravenösen Drogenkonsum zusammenhing. Sie gilt heute als aktivstes Land bei der Aids-Prävention, seit sie jedes Jahr entsprechende Kampagnen durchführt und ihre Drogenpolitik von polizeilicher Verfolgung auf medizinische Versorgung und Bereitstellung von kostenlosen Einwegspritzen umgestellt hat; das Ergebnis war ein auffallender Rückgang der Neuinfektionen.

Die Debatten über geeignete Präventionsstrategien gehen jedoch weiter, und an diesem Punkt intervenieren auch religiöse Modelle der Sexualität. Ein Streitpunkt ist die Verwendung von Kondomen. Experten haben zwar erkannt, dass Kondome – abgesehen von sexueller Abstinenz – den wirkungsvollsten Schutz vor Aids bieten, doch bei protestantischen Fundamentalisten und Katholiken stoßen sie nach wie vor auf Widerstand, da sie die Fortpflanzung verhindern und

Lust, Sex, and Temptation
Are the normal sins of teenagers

<u>WE HAVE ALL SINNED AND BEEN FORGIVEN.</u>

JESUS TOLD US NOT TO CAST STONES.

Don't condemn our youth
to death from HIV/AIDS!

Provide both the Bible and condoms.

Abbildung 8: *Beispiel für das Poster einer Aids-Präventionskampagne.*

angeblich die Promiskuität fördern. Von den Vereinigten Staaten finanzierte Programme betonen daher gebetsmühlenartig das Dreigestirn aus Abstinenz, Treue und Kondom. In den Vereinigten Staaten und in Entwicklungsländern sollen «Just Say No!»-Kampagnen die sexuelle Enthaltsamkeit fördern, und unverheiratete junge Menschen werden aufgefordert, zu «Born Again Virgins» zu werden und bis zur Ehe weitere sexuelle Aktivitäten zu unterlassen. Statistiken zeigen jedoch, dass diese Programme bei der Eindämmung von Aids und der Veränderung des Sexualverhaltens weitgehend erfolglos sind.

Als in den 1990er-Jahren klar wurde, dass Aids überwiegend durch ungeschützten Geschlechtsverkehr zwischen heterosexuellen Partnern verbreitet wird, wurde Aids immer weniger mit Homosexuellen in Verbindung gebracht. Schwule Aktivisten nahmen dies mit gemischten Gefühlen auf. Einerseits trug diese Entwicklung dazu bei, das Stigma abzuschütteln. Andererseits bedeutete dies, dass öffentliche Gelder, die in den Vorjahren allmählich zu fließen begonnen hatten, nun nicht mehr vorrangig schwulen Selbsthilfegruppen zugutekamen, obwohl Schwule nach wie vor überproportional betroffen waren.

Das Thema der heterosexuellen Aids-Infektionen gab der feministischen Kritik der Sexualität neuen Auftrieb. Nachdem klar geworden war, dass das Aids-Risiko nicht mit bestimmten Risikogruppen, sondern mit riskanten (ungeschützten) Praktiken wie Analverkehr zusammenhing, gingen feministische Sexualwissenschaftlerinnen wie Janet Holland Anfang der 1990er-Jahre dem Zusammenhang zwischen männlicher Herrschaft und riskanten Sexualpraktiken nach. Die Untersuchungen zeigten, dass heterosexuelle Männer und Frauen ihre Sexualität vor allem über männliche Bedürfnisse definierten und erlebten. Die meisten der befragten Partner verstanden die männliche Sexualität biologisch als Ausdruck eines natürlichen, unkontrollierbaren Triebs, den man nicht unterbinden sollte – eine Ansicht, die Frauen nur sehr bedingt Möglichkeiten gibt, auf sicheren Praktiken zu bestehen. Außerdem schafft die normative weibliche Identität für Frauen das Dilemma, dass Verhütung und Schutz vor Geschlechtskrankheiten einerseits in ihrer Verantwortung liegen, während sie andererseits das Gefühl haben, nichts verlangen zu dürfen, was die Lust des Partners beeinträchtigen könnte. Den Akt zu unterbrechen und auf Sicherheit zu bestehen, stehe im Widerspruch zur Weiblichkeit, so Holland. Wenn keine sicheren Praktiken und keine Kondome verwendet werden, dann liegt das nicht an der direkten Machtausübung der Männer (zumindest nicht in den untersuchten, einvernehmlichen Beziehungen). Hollands Untersuchung zeigte vielmehr, dass Frauen die männlichen Vorlieben verinnerlichen und «einen Mann im Kopf» haben, wie Holland es ausdrückt.

Einige der im Zusammenhang mit der Aids-Prävention entstandenen feministischen Analysen setzten sich also mit Fragen der Macht im heterosexuellen Geschlechtsverkehr auseinander und betonten dabei die relative Machtlosigkeit der Frauen. Für diese Machtlosigkeit finden sie jedoch unterschiedliche Gründe: Die britische Soziologin Janet Holland sieht die Ursachen in der Sozialisation, die australische Sozialpsychologin Susan Kippax bei der wirtschaftlichen Abhängigkeit von Männern und die amerikanische Anthropologin Carole Vance in den vorherrschenden Definitionen der Heterosexualität. Trotz der unterschiedlichen Diagnosen unterstreicht die feministische Forschung die Notwendigkeit, bei der Einschätzung des Risikos von Sexualpraktiken Geschlechterrollen mit einzubeziehen. Normative Geschlechteridentitäten und geschlechtsspezifische Machtverhältnisse haben eindeutig Auswirkungen auf die Wirksamkeit bestimmter Strategien im Kampf gegen Aids. Diese Erkenntnis haben Behörden in den letzten Jahren bei ihrer Entwicklung neuer Präventionsstrategien einbezogen.

Die Aids-Krise hat dem Staat ein weites Einfallstor in das Sexualleben seiner Bürger geöffnet. Präventionskampagnen erklären den Bürgern oft in kleinsten Details, wie sie sich zu verhalten haben, um eine Ansteckung mit dem HI-Virus zu verhindern. Die ersten Kampagnen beschränkten sich darauf, Informationen zur Vermeidung einer Infektion zu verbreiten, und gingen davon aus, dass die Bürger als rationale Individuen gefährliche Praktiken einstellen würden, sobald sie um deren Risiken wussten. Doch die steigende Zahl der Neuinfektionen zeigte, dass Information allein nicht ausreichte – Geschlechtsverkehr gehört nun einmal nicht zu den rationalsten Lebensbereichen des Menschen. Außerdem haben wir Sex meist nicht allein, sondern in Interaktion mit anderen, und an diesem Punkt kommen Themen wie Macht und Kommunikation ins Spiel. Die Aids-Krise hat gezeigt, wie wichtig es ist, dass staatliche Präventionskampagnen auch die emotionalen und irrationalen Aspekte der Sexualität einbeziehen.

Eugenik und «Rassenhygiene»

Während die staatliche Aids-Politik den Schwerpunkt auf Behandlung, Unterstützung und Veränderung von Sexualpraktiken der einzelnen Bürger legte, gingen andere staatliche Interventionen vor allem von kollektiven Anliegen aus. Für das Kollektiv hat die Sexualität besondere symbolische Bedeutung, da sich die Nation durch die Reproduktion vermehrt, und aus diesem Grund rückt sie in den Blick des Staats. Wie Michel Foucault schreibt: «Sexualität war immer der Ort, an dem die Zukunft unserer Art und gleichzeitig unsere Wahrheit als menschliche Subjekte geformt wird.»

Der Staat kümmert sich traditionell um die Größe und Zusammensetzung seiner Bevölkerung, und diese Themen spiegeln sich oft in der Sorge um die Nation und ihre Identität wider. Sorgen um quantitative oder qualitative Veränderungen der Bevölkerung, Überbevölkerung, einen «Überhang» von männlichem oder weiblichem Nachwuchs oder um Einwanderer, die mehr Kinder bekommen als die einheimische Bevölkerung, stehen regelmäßig ganz oben auf der politischen Agenda. Die staatliche Sorge um die Reproduktion stand auch immer im Mittelpunkt westlicher Experimente mit der Eugenik. Den Begriff «Eugenik» hatte Sir Francis Galton im Jahr 1883 aufgebracht, er meinte damit die Verbesserung des nationalen «Bestands» auf Grundlage der wissenschaftlichen Untersuchung «aller Einflüsse, die geeigneteren Rassen oder Blutstämmen bessere Aussichten geben, sich rasch gegenüber weniger geeigneten durchzusetzen». Die evolutionären Prozesse, die sein Vetter Charles Darwin beschrieben hatte, vor allem die natürliche Auslese und das Überleben der Stärkeren, verliefen Galton zu langsam und waren zu unsicher für die Bedürfnisse des modernen Staats. Moderne Gesellschaften hatten hohe Ansprüche an ihre politische Elite, doch deren geistige Fähigkeiten entwickelten sich seiner Ansicht nach viel zu langsam. Die «Wissenschaft» der Eugenik entstand in der zweiten Hälfte des 19. Jahrhunderts mit dem expliziten Ziel, die Qualität der nationalen

«Art» zu verbessern. Im Gegensatz zu der Laisser-faire-Haltung des politischen Liberalismus traten Eugeniker für aktive «Sozialtechnik» ein. Die Bürger hatten die patriotische Pflicht, mithilfe einer «bewussten Rassekultur», wie Galtons Nachfolger Karl Pearson es nannte, zur Züchtung der Nation beizutragen. Oder um es mit den Worten von Havelock Ellis zu sagen, der nicht nur ein Pionier der Sexualwissenschaft, sondern auch der Eugenik war: «Die gesunde Zucht der Rasse ist unsere größte Zukunftshoffnung.»

Sexualwissenschaftler und Psychiater waren prominent in der Eugenik-Bewegung vertreten. Das eugenische Gedankengut der ersten Hälfte des 20. Jahrhunderts bestand im Wesentlichen aus drei Elementen, die sich alle auf das biologische Modell der menschlichen Entwicklung beriefen: Methoden der selektiven Zuchtwahl, Sorge um die körperliche und geistige Degeneration der Bevölkerung und Vorstellungen über die Vererbbarkeit körperlicher und geistiger Krankheiten sowie unmoralischer Verhaltensweisen. Diese drei Elemente standen in engem Zusammenhang mit den damals vorherrschenden Vorstellungen über Sexualität und Geschlecht. Als Mischung aus Wissenschaft und sozialer Bewegung lieferte die Eugenik eine Analyse dessen, was mit der modernen Gesellschaft nicht stimmte, wie es dazu gekommen war und wie es sich beheben ließ. Angesichts der wachsenden Sorge um «Degeneration»,

«Rassenselbstmord» und die vermeintliche Bedrohung durch unmoralische Verhaltensweisen bot die Eugenik ein umfassendes Programm der Sozialtechnik, das auf eine rationale Steuerung der Fortpflanzung durch den Staat abzielte. Da die Eugenik Antworten auf drängende gesellschaftliche und politische Sorgen zu bieten schien, gewann sie rasch an Einfluss. Vor dem Hintergrund der raschen Industrialisierung und Verstädterung schien die explodierende Stadtbevölkerung die öffentliche Ordnung zu gefährden, während disziplinierte, gesunde und vermehrungsfreudige Bürger als Quelle des Wohlstands für die expandierende Nation galten.

Die Entwicklung der modernen Gesundheits- und Gesellschaftspolitik Ende des 19. und Anfang des 20. Jahrhunderts lieferte die institutionellen Voraussetzungen, um die eugenische Theorie in die politische Praxis umzusetzen. Heute wird Eugenik meist mit dem nationalsozialistischen Deutschland und der massenhaften Zwangssterilisierung, Zwangskastration und Ermordung von «lebensunwertem Leben» in Verbindung gebracht. Das «Gesetz zur Verhütung erbkranken Nachwuchses» vom Juli 1933 verpflichtete Ärzte, Erbkrankheiten ihrer Patienten zu melden. Unter dem nationalsozialistischen Regime wurden 225 Erbgesundheitsgerichte geschaffen, die mehr als eine halbe Million Zwangssterilisierungen und -kastrationen anordneten.

Doch die Eugenik fand quer über das gesamte politische Spektrum hinweg ihre Anhänger, selbst bei Sozialisten und Anarchisten. In Europa zählten gerade Sozialdemokraten zu den Pionieren der eugenischen Wissenschaft und Praxis. In demokratischen Staaten vertraten vor allem linke Politiker eine Reihe eugenischer Maßnahmen wie die Sterilisierung und Kastration von «Entarteten». Sie vertraten die Auffassung, mit einer eugenischen Erziehung der Bevölkerung ließen sich gesellschaftliche Probleme wie Armut und Alkoholismus beseitigen. Sozialistische Spielarten der Eugenik wurden fester Bestandteil des geistigen und politischen Projekts der europäischen Sozialdemokratie. Unter den Befürwortern befanden sich auch Feministinnen. Widerstand kam vor allem von den Liberalen, die staatliche Eingriffe in das Privatleben ablehnten, und von den Kirchen, allen voran der katholischen Kirche.

Die Eugenik forderte staatliche Eingriffe, um einem weiteren Verfall des kranken «Volkskörpers» Einhalt zu gebieten. Der aufstrebende Sozialstaat hatte ein weiteres Motiv: Er erhoffte sich Einsparungen im Gesundheitswesen. Daher zielten die Maßnahmen der sozialstaatlichen Einrichtungen vor allem auf diejenigen Gruppen der nationalen Bevölkerung, die zu den Hauptempfängern der staatlichen Unterstützung gehörten. Vielen Sozialdemokraten und Feministinnen schien es durchaus vernünftig, «den Garten der Nation zu jäten», um die Sozialausgaben in Grenzen zu halten. Margaret Sanger, eine bekannte amerikanische Feministin des frühen 20. Jahrhunderts, die für sexuelle Befreiung und Geburtenkontrolle eintrat, war eine begeisterte Fürsprecherin der Eugenik. Im Jahr 1925 schrieb sie: «Die Natur jätet das Unkraut, doch wir erlauben ihm, als Parasit weiterzuleben und sich zu vermehren.» Dieses «menschliche Unkraut … überwuchert die Wege und erschöpft die Energien und Ressourcen unserer kleinen Erde», weshalb es aus dem Garten der Nation entfernt werden müsse, um «den Weg für eine bessere Welt frei zu machen».

Die Eugenik verhieß eine Beseitigung aller sozialen Missstände mit wissenschaftlichen Methoden und einer Politik, die die Sexualität der Bevölkerung kontrollierte. Zum Repertoire der Eugenik gehörten Erziehungsprogramme, die zwangsweise Unterbringung in psychiatrischen Anstalten, Kindswegnahmen, Heiratsverbote und Maßnahmen gegen Obdachlose, «Zigeuner», alleinerziehende Mütter, «Perverse» oder Behinderte. In Großbritannien stand die Eugenik in engem Zusammenhang mit den Anforderungen des Kolonialreichs, und die Sorge richtete sich vor allem auf die vermeintlich «degenerierten» kolonisierten Völker und die Gefahr der Vermischung. Doch obwohl die Eugenik unter den Intellektuellen zahlreiche Fürsprecher fand, bremsten der starke Einfluss des Liberalismus und die Furcht vor einer staatlichen Einmischung in das Privatleben die Umsetzung einer eugenischen Politik zumindest auf der Insel. Im übrigen Europa waren die Bedingungen günstiger. Als Pioniere der Eugenik taten sich vor allem Länder wie Schweden oder die Schweiz hervor.

Eugenik als Bürgerpflicht

Der Schweizer Sexualwissenschaftler und Sozialreformer Auguste Forel (1848–1931), Mitglied des Beirats des Internationalen Dachverbandes der eugenischen Gesellschaften und 1930 Ehrenpräsident der Weltliga für Sexualreform, sah es als moralische Pflicht künftiger Nationen an, den Aufbau ihrer Gesellschaftsordnung auf Grundlage einer wissenschaftlichen Steuerung der Reproduktion durch den Sozialstaat voranzutreiben:

Die Kontrolle der Fortpflanzung durch geeignete Mittel ist ein moralisches Gebot und entscheidend für die Hygiene unserer Rasse. Zusammen mit dem Verbot von Rauschmitteln werden uns diese Maßnahmen in die Lage versetzen, der fortschreitenden Degeneration unserer Rasse Einhalt zu gebieten und uns in eine bessere Zukunft zu führen. Dies schulden wir dem Fortschritt, dem Glück und der Gesundheit kommender Generationen, für deren Qualität wir verantwortlich sind.

Forels Vorstellung, dass die auf Erbanlagen beruhende Gesellschaftsordnung bedroht war, traf sich mit dem traditionell sozialdemokratischen Glauben an den Einfluss der Bildung. Die biologischen Anlagen ließen sich zwar nur mit einer «gesunden Rassezucht» verbessern, doch diese sollte mit Bildungskampagnen einhergehen, die auf Wissenschaft und Vernunft basierten:

> *Sorgen wir dafür, dass die Wissenschaft unser Sexualleben frei und in aller Offenheit erhellt; damit beenden wir die Heuchelei der normalen Menschen und erkennen die der abnormalen Menschen rechtzeitig, um Schaden abzuwenden.*

Angesichts der Bedeutung der sexuellen Auslese bei der Regulierung der Fortpflanzung forderte Forel eine staatliche Sexualerziehung. Seiner Ansicht nach ließ sich die nationale Ordnung nur durch eine selektive und wissenschaftlich fundierte Fortpflanzung aufrechterhalten. Daher war es seiner Auffassung nach entscheidend, junge Menschen über die Folgen des Geschlechtsverkehrs mit «minderwertigen» Partnern aufzuklären und ihnen klarzumachen, wie wichtig es war, Information über den erblichen Hintergrund potenzieller Partner einzuholen: «Verlobte haben das Recht und im Interesse der künftigen Kinder sogar die heilige Pflicht, die sexuelle Vorgeschichte ihrer künftigen Angetrauten zu erfahren.»

Im Jahr 1912 verabschiedete das Schweizer Parlament ein Gesetz, das geistig behinderten und juristisch unmündigen Menschen die Heirat verbot. Damit war die Schweiz das erste Land, das ein auf der Eugenik basierendes Ehegesetz erließ, um die Vererbung geistiger Behinderungen zu unterbinden. Das weltweit erste eugenische Sterilisationsgesetz wurde 1907 im amerikanischen Bundesstaat Indiana erlassen, und bis in die 1930er-Jahre hatten zwei Drittel der Vereinigten Staaten ähnliche Gesetze verabschiedet, die sich vor allem gegen Gefängnisinsassen und «Geisteskranke» richteten. Im berüchtigten Prozess «Buck vs Bell» gab der Oberste Gerichtshof dem Bundesstaat Virginia das Recht, eine vermeintlich «schwachsinnige» alleinerziehende Mutter zu sterilisieren, die in eine psychiatrische Klinik eingewiesen worden war, um den Umstand zu verbergen, dass sie nach einer Vergewaltigung durch einen Angehörigen schwanger geworden war; in der Begründung hieß es:

> *Es ist für alle Welt besser, wenn die Gesellschaft nicht erst darauf wartet, bis der degenerierte Nachwuchs für Verbrechen hingerichtet wurde oder in seinem Schwachsinn verhungert ist, sondern die offensichtlich Kranken gleich an der Fortpflanzung hindert … Drei Generationen Schwachsinn sind genug.*

Unter dem Einfluss von Forels Gedankengut verabschiedete der Schweizer Kanton Waadt die ersten eugenischen Sterilisierungsgesetze in Europa. Dänemark folgte 1929, Deutschland 1933, Schweden und Norwegen 1934 und Finnland 1935. In der Schweiz richtete sich die Sorge auf verschiedene soziale Gruppen, die als erbliche Bedrohung für die Schweizer Nation gesehen wurden: Kriminelle, Prostituierte, Alkoholiker, «moralisch defekte» Bürger (vor allem unverheiratete Mütter), geistig und körperlich Behinderte, Hämophile, Tuberkulosekranke, Drogensüchtige, Juden, «Zigeuner» und Landstreicher. Die Kriterien, aufgrund derer Sterilisierungen angeordnet wurden – zum Beispiel sexuelle Promiskuität, Alkoholismus, unsteter Lebenswandel oder Verschwendungssucht –, waren dabei ausgesprochen unscharf definiert. In die Kategorie der «Geisteskranken» fielen nicht sesshafte und «moralisch defekte» Menschen genauso wie Delinquenten oder unverheiratete Mütter (die als «unmoralisch» galten, weil sie schließlich außerehelichen Geschlechtsverkehr gehabt haben mussten). Die medizinische Diagnose war kaum von einer moralischen Verurteilung zu unterscheiden. Eugeniker wie Forel forderten immer wieder die staatliche Zwangssterilisierung der erwähnten Bevölkerungsgruppen, um deren Fortpflanzung zu verhindern. In den Augen von Forel war diese Aufgabe umso dringlicher, als diese «Perversen» sexuell aktiver seien und daher eine besondere Bedrohung für die Nation darstellten.

Da sich die Eugenik vor allem auf den weiblichen Körper als Reproduktionsorgan der Nation richtete, waren überwiegend Frauen von Zwangssterilisierungen betroffen. Als 1944 der Kanton Waadt eine erste Bilanz zur Umsetzung der Sterilisierungsgesetze zog, stellte sich heraus, dass neun von zehn Zwangsoperationen an Frauen durchgeführt wurden. In Zürich wurden zwischen 1929 und 1939 insgesamt 480 Frauen (meist in Zusammenhang mit Abtreibungen) und 15 Männer sterilisiert. In anderen Ländern ergab sich ein ähnliches Bild: Auch in Schweden waren 90 Prozent der Opfer Frauen.

Im Kanton Waadt wie in Schweden wurde die überwiegende Zahl der Sterilisierungen an jungen Frauen durchgeführt, die als «sozial unangepasst» galten, in armen Verhältnissen lebten, unverheiratet waren und als «wenig intelligent» galten. Ein zentrales Motiv scheint die Überwachung einer moralisch untadeligen weiblichen Sexualität gewesen zu sein, denn als Argument für die Sterilisierung wurden oft «lockere Moral», Zuchtlosigkeit oder Nymphomanie angeführt. Im Zürich der 1920er-Jahre konnten beispielsweise Prostituierte bei ihrer Verhaftung völlig legal in psychiatrische Anstalten eingewiesen werden. Da man davon ausging, dass «Schwachsinn» eher auf Frauen als auf Männer vererbt wurde, und da Prostituierte als besonders krankheitsanfällig galten, wurden sie dort oft zu einer Sterilisierung gedrängt. Die Psychiater Sigwart Frank und Simon Jichlinski, die sich mit den Schweizer Sterilisierungspraktiken der 1920er- bis 1940er-Jahre beschäftigen, haben zahlreiche Fallgeschichten zusammengestellt, die den Zusammenhang zwischen «sexueller Verfehlung» und Sterilisierung belegen. Im Jahr 1931 gab die Armenhilfe der Stadt Bern eine Anweisung heraus, in der sie die verbreitete Einweisung von Frauen zur Sterilisierung durch Behörden verurteilte und klarmachte, dass unverheiratete Frauen nur dann sterilisiert werden sollten, wenn sie klare Anzeichen eines körperlichen oder geistigen Defekts aufwiesen. Zuchtlosigkeit allein sei noch kein Grund für eine Sterilisierung.

Wenn die betroffene Person als geistig behindert diagnostiziert worden war, konnte sie auch gegen ihren Willen sterilisiert werden. In anderen Fällen wurde die «Zustimmung» der Frauen erzwungen, indem man ihnen mit dem Entzug der sozialen Unterstützung oder einer Einweisung ins Armenhaus drohte oder indem man eine Abtreibung nur dann gestattete, wenn sich die Frau «freiwillig» sterilisieren ließ.

Wie die Zahlen zeigen, richtete sich die Eugenik besonders gegen Frauen, die als Verkörperung der Reproduktion auch das bevorzugte Ziel von eugenischer Erziehung und staatlicher Kontrolle wurden. Wie die Soziologin Nira Yuval-Davis zeigt, waren Vorstellungen wie die «Reinheit der Rasse» meist eng mit der Regulierung der weiblichen Sexualität verbunden. Die bekannte Schweizer Ärztin Imboden-Kaiser forderte beispielsweise ein Erziehungsprogramm für junge Frauen, um den künftigen Müttern ihre besondere Verantwortung für die Fortpflanzung zu vermitteln; außerdem verlangte sie obligatorische ärztliche Untersuchungen zur Feststellung der Heiratsfähigkeit.

Die Sterilisierung war allerdings nur die extremste Form der staatlichen Kontrolle der Sexualität. Diese Praktiken wurden ergänzt durch eine präventive Erziehungspolitik. Forel und andere legten den Schwerpunkt auf Sexualerziehung und Eheberatung und öffneten damit der Eugenik den Weg in die Schulen. Beispielsweise wurde 1939 ein Propagandaheft mit dem Titel «Jung-Schweizer! Jung-Schweizerinnen! Das Schicksal des Vaterlands ruht in Euch!» produziert und an Schweizer Schüler verteilt. In der Broschüre sollten die Jugendlichen auf die Gefahren des Verkehrs mit «Minderwertigen» und auf ihre Pflicht gegenüber dem Vaterland hingewiesen werden:

> Heirat in eine gesunde und tüchtige Familie bietet die beste Gewähr für eine vollwertige Nachkommenschaft. Gesunde, wohlgeratene Kinder sind ein Stolz der Eltern und die beste Garantie für eine glückliche Ehe.

Sozialdemokratische Reformer richteten 1932 in Zürich eine Zentralstelle für Ehe- und Sexualberatung ein, die Ausstellungen, Vorträge und Konferenzen zu Themen wie «erbliche Verantwortung» organisierte. In den 1930er-Jahren gab sie Ehewilligen psychiatrisch-eugenische Beratung und Ende der 1940er-Jahre Hinweise zur Vermeidung von Erbkrankheiten. Sex- und Eheberatung waren auch ein Terrain, auf dem feministische Sozialreformerinnen aktiv wurden, die «weniger degenerierte» künftige Generationen forderten.

Abbildung 9: *Eugenische Heirats-Beratung in den USA während der 1930er Jahre.*

Das berüchtigte Hilfswerk «Kinder der Landstraße», das auf eine Beseitigung der Nichtsesshaftigkeit zielte, wurde 1926 von der staatlichen Stiftung Pro Juventute gegründet und existierte bis 1973. Der Gründer Alfred Siegfried nannte als Ziel der Einrichtung, die Jenischen (die größte «Zigeuner»-Gruppe in der Schweiz) an der Fortpflanzung zu hindern: Man dürfe nicht «teilnahmslos zusehen, wie das Übel der Vagantität sich von Generation zu Generation weiter ausbreitet». Letztlich ging es ihm um eine vollständige Beseitigung der jenischen Kultur. Pro Juventute riss rund 600 jenische Kinder aus ihren Familien und übergab sie an Waisenhäuser, Pflegefamilien und psychiatrische Einrichtungen – eine Erfahrung, die die Innenministerin und spätere Schweizer Bundespräsidentin Ruth Dreifuss 1988 als «dunkles Kapitel der jüngeren Schweizer Geschichte» bezeichnete.

Die Schweiz war jedoch keineswegs ein Ausnahmefall. In Schweden, wo die Eugenik eng mit dem Aufbau des Sozialstaates verbunden war, wurden zwischen 1934 und 1975 rund 63000 Frauen und Männer sterilisiert. Andere europäische Staaten folgten dem Vorbild der beiden Länder. Die Eugenik galt als wissenschaftlich anerkannt und wurde selten hinterfragt, weshalb sie vor dem Zweiten Weltkrieg in Europa ein politischer Gemeinplatz werden konnte. Die Sozialdemokratische Partei Deutschlands (SPD), die mit den Sozialdemokraten der Schweiz und Schwedens in engem Kontakt stand, spielte während der Weimarer Republik eine entscheidende Rolle bei der Entwicklung einer sozialdemokratischen Version der Eugenik, lange bevor die Nationalsozialisten eine radikalere Version der Eugenik umsetzten. Der SPD-Politiker Alfred Grotjahn, Leiter der Abteilung Sozialhygiene des städtischen Medizinalamts in Berlin und erster Professor für Soziale Hygiene in Deutschland, sowie der Minister Wolfgang Heine führten im sozialdemokratisch regierten Preußen die ersten eugenischen Maßnahmen durch, darunter die Sterilisierung Behinderter.

Sozialdemokratische Wissenschaftler, vor allem Sexualwissenschaftler, spielten in Deutschland eine ebenso zentrale Rolle in der Eugenik wie in der Schweiz. Magnus Hirschfeld war beispielsweise ein Pionier auf dem Gebiet der Sexualreform und bekennender Homosexueller. Außerdem war er Eugeniker, der sich energisch für ein Heiratsverbot für Homosexuelle aussprach. Er war der Ansicht, mit ihren «minderwertigen» Genen würden Homosexuelle mit größerer Wahrscheinlichkeit behinderte Kinder zeugen. Obwohl viele sozialdemokratische Eugeniker, darunter auch Hirschfeld selbst, später von den Nationalsozialisten verfolgt wurden und fliehen mussten, sprachen sie sich in der Regel nicht gegen nationalsozialistische Maßnahmen wie die Zwangssterilisierung aus; Hirschfeld hielt sie gar für ein «interessantes Experiment».

Hirschfeld war wie sein Schweizer Freund und Mentor Forel in der sozialdemokratischen und eugenischen Eheberatungsstelle aktiv, die er Anfang der 1930er-Jahre im Rahmen seines Instituts für Sexualwissenschaft mitgegründet hatte und die ein Vorläufer der nationalsozialistischen Familieneugenik wurde. Die Rassenhygiene der Nationalsozialisten unterschied sich eher im Fanatismus und in der Frage, wer in die Kategorie der «minderwertigen» Bevölkerungsgruppen aufgenommen werden sollte. Sozialdemokraten wie Hirschfeld lehnten den nationalsozialistischen Judenhass ab (und klagten, dass dieser zu einer Vernachlässigung von Alkoholikern und Drogensüchtigen führte). Britische Eugeniker teilten diese Haltung. Interessanterweise griff das *International Medical Bulletin*, das in Prag von jüdischen und sozialdemokratischen Ärzten herausgegeben wurde, die aus dem nationalsozialistischen Deutschland geflohen waren, das Sterilisierungsgesetz der Nationalsozialisten nicht aus ethischen, sondern aus politischen Gründen an: Das Gesetz werde als Machtinstrument eines kapitalistischen Staates missbraucht; erst nach einer sozialistischen Revolution sei es möglich, die wissenschaftlichen und gesellschaftlichen Bedingungen für eine «wahre» Eugenik zu begründen.

In den Vereinigten Staaten und Großbritannien kam in den 1930er-Jahren eine «bolschewistische Eugenik» auf, die in der Sowjetunion das einzige Land sah, das die «Zucht» der Bevölkerung wirklich wissenschaftlich angehen könne. In Frankreich vertraten Sozialisten wie Vacher de Lapouge die Auffassung, Bürger seien ihrem Land nicht nur den Militärdienst, sondern auch den Sexualdienst schuldig. So fand die Eugenik Eingang in das politische Projekt der europäischen Sozialdemokratie. Im Grunde ist es nicht weiter verwunderlich, dass die Sozialdemokraten die Eugenik mit solcher Leidenschaft vertraten, denn sie glaubten an die Verantwortung des Staates gegenüber seinen Bürgern. Nach Ansicht von Forel war eine intelligente, wissenschaftliche und undogmatische Sozialdemokratie gefragt, um die Aufgaben der Eugenik anzugehen. Außerdem standen die Sozialdemokraten auf dem Standpunkt, die einzelnen Bürger müssten ihr Interesse gegenüber dem Gemeinwohl zurückstellen. In ihren Augen war die Eugenik eine Möglichkeit, Armut und andere gesellschaftliche Missstände zu beseitigen, weshalb ihrer Ansicht nach die Eugenik im kollektiven Interesse der Nation war.

Obwohl sich eugenisches Gedankengut in den Programmen vieler Parteien fand und obwohl sich einige Sozialdemokraten auch vehement gegen die Eugenik aussprachen, spielten die Sozialdemokraten zwischen den 1930er- und den 1960er-Jahren in Ländern wie der Schweiz und Schweden eine entscheidende Rolle bei der Entwicklung eugenischer Maßnahmen. Im Zusammenspiel von Wissenschaft, Staat und privaten

Einrichtungen wurde die Eugenik am «erfolgreichsten» umgesetzt, und Sozialdemokraten waren auf all diesen Ebenen entscheidend beteiligt. In Schweden und der Schweiz, die keine Kolonien und damit keinen Kontakt zu anderen «Rassen» hatten, wandte sich die «Rassenhygiene» nach innen. Dabei wurden Kategorien wie «Zigeuner», «leichte Frauen» und geistig und körperlich Behinderte erfunden, die angeblich den körperlichen und moralischen Verfall der Gesellschaft verursachten. Die Politik machte es sich zur besonderen Aufgabe, die inneren Grenzen der Nation zu sichern, und gab diesen eine biologische und moralische Dimension.

Dabei sollte jedoch unterstrichen werden, dass die Sozialdemokraten hinsichtlich der Eugenik keineswegs einer Meinung waren und dass die sozialdemokratische Eugenik von der nationalsozialistischen weit in den Schatten gestellt wurde. Daher wäre es irreführend, eine einfache Beziehung zwischen Sozialdemokratie und Eugenik herstellen zu wollen.

Der Aufstieg des modernen Sozialstaats und ein vorteilhaftes politisches Klima boten einen günstigen Rahmen zur Verwirklichung der eugenischen Utopie. Zwangssterilisierungen und Heiratsverbote wurden mit anderen Maßnahmen wie der eugenischen Erziehung, der Sexualkunde und der Eheberatung kombiniert. Aus haushaltspolitischer Sicht schien es nur vernünftig, die Zahl der für die neuen Sozialhilfe-

maßnahmen infrage kommenden Bevölkerungsgruppen zu reduzieren. Obwohl einige Politiker das
soziale Umfeld für wichtiger hielten als die Vererbung, stimmten auch sie aus Kostengründen oft den
Sterilisierungen zu. Diese Maßnahme kam den Staat
schließlich billiger als die langfristige finanzielle Unterstützung der «Asozialen».

Die Experimente mit der Eugenik sind ein Beispiel
für die staatliche Einflussnahme auf die Sexualität der
Bürger. Die eugenische Politik ging zwar von einem
biologischen Verständnis der Sexualität aus, doch interessanterweise übersah sie die Rolle der Männer bei
der Fortpflanzung. Eugenik- und Aids-Politik demonstrieren das komplexe Zusammenspiel von Sexualität mit «Rasse»- und Geschlechterhierarchien und
den Vorstellungen von individueller und kollektiver
«Reinheit». In beiden Beispielen wird außerdem deutlich, dass das Interesse der Einzelnen nicht unbedingt
in Einklang mit den Interessen der vermeintlichen
Mehrheit stehen muss. Im Zusammenhang mit staatlichen Eingriffen in die Sexualität der Bürger haben
feministische und homosexuelle Organisationen nicht
selten widersprüchliche Positionen vertreten.

Kapitel 5

Die Zukunft der Sexualität

Die Perversen, die sich in den medizinisch-forensischen Untersuchungen von Krafft-Ebing verhalten zu Wort melden und den neuen Sexualexperten ihre intimsten Geheimnisse beichten, haben die Seiten des klinischen Lehrbuchs verlassen und die Bühne der Geschichte betreten, als lebendiger Beweis der sexuellen Vielfalt.

JEFFREY WEEKS (1986)

Neue Koalitionen

Die 1960er- und 1970er-Jahre waren im Westen eine entscheidende Zeit für die öffentliche Diskussion um die Politisierung der Sexualität, in deren Verlauf das vorherrschende Verständnis und die Erfahrung von Sexualpraktiken und sexuellen Identitäten eine grundlegende Veränderung erlebten. Zwar gilt heute die Lockerung von moralischen und gesetzlichen Regelungen rund um die Sexualität als entscheidender Aspekt der sexuellen Revolution, doch die feministische und homosexuelle Kritik am normativen Status der Heterosexualität hat mindestens ebenso wichtige Umdeutungen der Sexualität bewirkt. In der öffentlichen Vorstellung war Sexualität allerdings noch lange ausschließlich gleichbedeutend mit Heterosexualität. Bestseller wie *The Joy of Sex*, dessen Autor «die ganze Bandbreite der menschlichen Sexualität» zeigen wollte, gingen mit keinem Wort auf die Homosexualität ein. Das ähnlich beliebte Sexhandbuch *Alles, was Sie schon immer über Sex wissen wollten, aber bisher nicht zu fragen wagten* aus dem Jahr 1969 beantwortete die Frage «Was machen weibliche Homosexuelle miteinander?» so:

> *Wie ihr männliches Pendant haben Lesben das Problem, dass sie nur einen Teil des anatomischen Puzzles mitbringen. Genau wie ein Penis plus ein Penis null ergibt, ergibt auch eine Vagina plus eine Vagina null.*

Trotzdem haben die gesellschaftlichen und politischen Veränderungen der Zeit Räume für ein größeres öffentliches Bekenntnis zu Randgruppen eröffnet, was sich am deutlichsten in der neuen Vielfalt schwuler und lesbischer Gruppierungen zeigt. Obwohl es schon zu Beginn der Moderne vor allem in Metropolen homosexuelle Nischen gab, ist die Entwicklung von schwulen und lesbischen Gruppierungen seit Ende der 1960er-Jahre beispiellos.

Auch wenn sich sexuelle Minderheiten in Deutschland bereits im ausgehenden 19. Jahrhundert organisierten, gilt als Gründungsmoment der modernen

Schwulenbewegung der spontane Widerstand gegen eine routinemäßige Polizeirazzia in der New Yorker Schwulenbar Stonewall im Jahr 1969. Im selben Jahr wurde in den Vereinigten Staaten die Organisation National Gay Liberation gegründet, und im Jahr darauf die britische Gay Liberation Front; es folgten ähnliche Organisationen in anderen Ländern. Einige schwule Bürgerrechtsbewegungen wie die Organisation Lambda aus den Vereinigten Staaten konzentrierten sich auf Prozesse oder Lobbyarbeit zur Beseitigung diskriminierender Gesetze, andere wie ACT UP wählten unkonventionelle und konfrontative Strategien. Die Probleme im Zusammenhang mit Aids verstärkten die politische Mobilisierung vor allem unter Schwulen. Da es sich bei Aids um eine Geschlechtskrankheit handelte und diese zunächst große und aktive Schwulengemeinden in Städten wie San Francisco und New York heimsuchte, erhielten homosexuelle Gruppierungen nicht nur in den Vereinigten Staaten, sondern in aller Welt neuen Zulauf. In Reaktion auf deren Arbeit verabschiedeten viele westliche Länder seit den 1990er-Jahren neue Gesetze zur Gleichstellung von Homosexuellen, sei es im Militär, auf dem Arbeitsmarkt und bei zivilen Eheschließungen.

Im Rahmen ihrer politischen Arbeit griffen Homosexuelle auch stigmatisierende Etiketten auf und deuteten sie um. Beispielsweise eigneten sie sich Begriffe wie

Abbildung 10: *Schwulendemonstration in New York, 1970.*

«schwul» oder «Schwuchtel» an, die zunächst in abwertendem Sinne verwendet wurden, und machten sie zu Bannern der politischen Mobilisierung. Daneben wurden auch zahlreiche Kategorien der Sexualwissenschaften des 19. Jahrhunderts – zum Beispiel Transsexuelle, Transvestiten, Sadomasochisten, Pädophile und Fetischisten – zu politischen Sammelbecken im Kampf um gesellschaftliche Anerkennung.

Die zunehmende Anerkennung der sexuellen Vielfalt in Politik, Kultur, Medien und Konsum machte die Vorstellung der «Perversion» weitgehend obsolet. Die sexualwissenschaftliche Darstellung der sexuellen Normalität, mit der im 19. Jahrhundert die Vorstellung der Perversion aufkam, wurde durch den Aufstieg sexueller Randgruppen ausgehöhlt. Wie der Soziologe Jeffrey Weeks schreibt:

> Es gibt heute keinen großen Kontinent der Normalität mehr, der von kleinen Inseln des Chaos umgeben ist. Vielmehr können wir heute die Entstehung großer und kleiner Inselgruppen beobachten … Es sind neue Kategorien sexueller Minderheiten entstanden. ältere haben sich aufgespalten, da spezielle Vorlieben, Einstellungen und Bedürfnisse zur Grundlage der florierenden sexuellen Identitäten werden.

Die neue Vielfalt von Etiketten erschwert jedoch Koalitionen zwischen den verschiedenen sexuellen Inter-

Abbildung 11: *Die Gay Liberation Front in London, 1971.*

essengruppen und fördert Spannungen bei der politischen Zielsetzung. Während beispielsweise Schwule und Lesben in Fragen des Adoptionsrechts oft ähnliche Interessen verfolgen, haben sich Lesben vielfach geweigert, in Zusammenhang mit Aids oder Sodomie-Gesetzen (die nach wie vor in rund 70 Ländern gelten und in der Praxis vor allem gegen Geschlechtsverkehr zwischen Männern zur Anwendung kommen) aktiv zu werden, da sie von diesen Themen nur am Rande betroffen sind. Lesben erkennen größere politische Gemeinsamkeiten mit heterosexuellen Feministinnen bei Themen wie Abtreibung, Verhütung, Kindererziehung oder Benachteiligung von Frauen am Arbeitsplatz. Lesben engagieren sich vor allem im Kampf gegen Brustkrebs, da kinderlose Frauen von dieser Krankheit stärker betroffen sind. Andererseits halten sich schwule Organisationen aus Diskussionen um die Abtreibung heraus, da es sich nicht um ein «schwules Thema» handelt.

Feministinnen, Lesben und Schwule sind sich überdies in der Beurteilung von Praktiken wie Sadomasochismus und Pornografie uneins, während Transsexuelle und Transvestiten von Feministinnen kritisiert werden, weil sie angeblich Geschlechterstereotypen bestätigen. Feministinnen kritisieren außerdem die schwule Forderung nach der «Homo-Ehe». Nach Ansicht der Soziologin Stevi Jackson geht es beim Kampf um die Homo-Ehe darum, die in der patriarchalen Institution der Ehe verankerten männlichen Privilegien auch auf Homosexuelle auszuweiten; dabei bleibe jedoch die Geschlechterhierarchie unangetastet, auf der die Ehe basiere, was die Feministinnen veranlasst habe, deren Abschaffung zu fordern. Daher werfen einige Feministinnen und Lesben der Schwulenbewegung vor, sie interessiere sich ausschließlich für die Rechte homosexueller Männer. So kam es zwischen Schwulen und Lesben zu ähnlichen Konflikten wie zwischen heterosexuellen und lesbischen Feministinnen.

Andere sexuelle Minderheiten organisierten sich in eigenen Gruppierungen. Die umstrittensten sind die pädophilen Interessengruppen, die in den 1970er-Jahren in Ländern wie den Niederlanden, den Vereinigten Staaten und Großbritannien ins Leben gerufen wurden. Besonders stark war die Pädophilenbewegung in den Niederlanden; dort unterstützte die Niederländische Vereinigung für Sexualreform (NVSH) im Jahr 1972 die Veröffenlichung von *Sex met kinderen*, einem Buch, das die internationale Forschung zum «intergenerationellen Geschlechtsverkehr» darstellte und pädophilen Aktivisten in Westeuropa als Quelle diente. Zusammen mit Feministinnen und COC, der ältesten Schwulenbewegung der Welt, unterstützte die NVSH auch einen Gesetzesentwurf im niederländischen Parlament, der die Legalisierung von einvernehmlichem Geschlechtsverkehr mit Minderjährigen erlauben sollte.

Während die Weltgesundheitsorganisation die Pädophilie als sexuelle und psychische Störung betrachtet, fordern pädophile Aktivisten eine größere Legitimität, die Streichung der Pädophilie aus der Liste der psychischen Störungen, sexuelle Rechte für Minderjährige und die Entkriminalisierung des «intergenerationellen Geschlechtsverkehrs». In Frankreich forderten sie in den 1970er-Jahren wiederholt in Unterschriftenaktionen eine Abschaffung des gesetzlichen Mindestalters für Geschlechtsverkehr, und im Jahr 1977 unterstützten Prominente wie Jean-Paul Sartre, Simone de Beauvoir, Michel Foucault, Jacques Derrida, Roland Barthes und die führende Kinderanalytikerin Françoise

Dolto die Entkriminalisierung von einvernehmlichem Geschlechtsverkehr mit Minderjährigen. Pädophile Aktivisten arbeiteten in einem Umfeld, in dem sich die Vorstellungen kindlicher Sexualität insgesamt im Umbruch befanden und das Alter der sexuellen Reife stetig sank, vermutlich dank besserer Gesundheit und Ernährung. In den 1960er- und 1970er-Jahren traten Mädchen in Industrienationen durchschnittlich im Alter von 13 Jahren in die Pubertät ein, im 19. Jahrhundert dagegen erst mit 16 oder 17 Jahren; Jungen erreichten die Geschlechtsreife mit 17, und ein Jahrhundert zuvor mit 23. Dieser Trend setzt sich weiter fort.

Gruppen wie die britische Paedophile Information Exchange (PIE) (gegründet 1974), die amerikanische Man Boy Love Association (NAMBLA) (1978), die dänische Pädophilenvereinigung DPA (1985) und die International Paedophile and Child Emancipation (ICPE) (Anfang der 1990er-Jahre) bezogen sich auf freudsche Theorien und sexualwissenschaftliche Erkenntnisse wie die *Kinsey Reports*, um zu argumentieren, dass Kinder über eine Sexualität verfügten und ein Recht auf deren Ausübung hätten. In Rückgriff auf die alten Griechen argumentierten sie, Geschlechtsverkehr mit Kindern habe einen «pädagogischen Nutzen».

Geschlechtsverkehr mit Minderjährigen war immer ein kontroverses Thema in der Öffentlichkeit, doch seit den 1980er-Jahren hat sich der Widerstand weiter verstärkt. Angesichts der zunehmenden Empörung gegenüber Kindesmissbrauch sind zumindest in Westeuropa bekennende Pädophile weitgehend aus der Öffentlichkeit verschwunden. In den Niederlanden wurde zwar 2006 die Partei für Nächstenliebe, Freiheit und Vielfalt gegründet, die das Schutzalter für einvernehmliche sexuelle Handlungen auf 12 Jahre herabsetzen wollte, doch sie erhielt nicht die erforderliche Zahl von Unterschriften, um sich an den Wahlen beteiligen zu können. In den Vereinigten Staaten, Kanada und Großbritannien haben sich viele Pädophilenorganisationen aufgrund zunehmender polizeilicher Überwachung und Kriminalisierung inzwischen aufgelöst oder in weniger sichtbare Internetgemeinschaften verwandelt.

In der Frage des Schutzalters gab es verschiedentlich politische Bündnisse zwischen Pädophilen und Schwulen. In den meisten Ländern beträgt dieses heute 17 oder 18 Jahre. Am unteren Ende der Skala befinden sich die Philippinen mit 12, Spanien und Japan mit 13 und Deutschland und Italien mit 14 Jahren. Am anderen befinden sich Länder wie Saudi-Arabien, Pakistan und der Iran, wo jeder außereheliche Geschlechtsverkehr unabhängig vom Alter unter Strafe steht. In den vergangenen Jahrzehnten war das Schutzalter ein wichtiges Thema der Schwulenbewegung, da es in vielen Ländern bei Geschlechtsverkehr zwischen Männern höher war als bei heterosexuellem Geschlechtsverkehr oder bei Geschlechtsverkehr zwischen Frauen. In vielen Ländern, darunter auch in Deutschland, wurde das Schutzalter in den vergangenen Jahren angeglichen. Allerdings steht die Homosexualität nach wie vor in 70 Ländern unter Strafe, und in Simbabwe ist sogar gleichgeschlechtliches Händchenhalten verboten.

Seit Anfang der 1980er-Jahre haben Schwulenorganisationen jedoch ihre Bündnisse und jede Solidarität mit Pädophilen aufgekündigt. Das hängt auch mit Kampagnen der Konservativen zusammen, die Schwule als potenzielle Kinderschänder darstellten und seit Ende der 1970er-Jahre organisierte Kampagnen gegen die Schwulenbewegung durchführten. Noch Anfang der 1970er-Jahre hatte die niederländische Schwulenbewegung COC erklärt, zur sexuellen Befreiung der Schwulen gehöre auch die sexuelle Befreiung von Kindern und Pädophilen, doch bis Mitte der 1990er-Jahre hatten sich die meisten Schwulenorganisationen explizit von pädophilen Positionen distanziert und bezeichneten Geschlechtsverkehr zwischen Minderjährigen und Erwachsenen als Kindesmissbrauch. Ein Beispiel ist die Aussage eines Vertreters von Human Rights Campaign, der größten Homosexuellengruppierung der Vereinigten Staaten, zur Pädophilenbewegung NAMBLA: «Sie gehören nicht zu unserer Gemeinschaft und wir lehnen jeden ihrer Versuche ab, einen Zusammenhang zwischen der Pädophilie und

den Bürgerrechten von Schwulen und Lesben herzustellen.»

Andernorts wurden unter dem Label «LSBT» erfolgreich strategische Bündnisse zwischen Lesben,
Schwulen, Bisexuellen und Transsexuellen geschmie-
det. Schwarze Homosexuelle kritisieren dies jedoch
und werfen Schwulenorganisationen vor, schwarze
Homophobie in den Vordergrund zu stellen und la-
tent rassistisch zu sein. Trotz des großen Einflusses
der schwarzen Bürgerrechtsbewegung auf die Schwulenbewegung in den Vereinigten Staaten, trotz der
Bedeutung von Ikonen wie Bessie Smith und Audre
Lorde und trotz der bedeutenden Rolle, die schwarze
Homosexuelle und Transvestiten in der Stonewall-
Rebellion und der politischen Reaktion auf Aids
spielten, fühlen sich schwarze Schwule und Lesben in
der Führung der Schwulen- und Lesbenbewegungen
unterrepräsentiert und sehen ihre Anliegen nicht
ausreichend vertreten.

Sexueller Separatismus

Meinungsverschiedenheiten in der Frage, ob sich Organisationen auf Einzelthemen konzentrieren oder
allgemeinere Ziele verfolgen sollten, führten zur Abspaltung kleinerer Gruppen. Dieses Phänomen ist seit
den Anfängen des homosexuellen Aktivismus bekannt. Schon in den ersten Organisationen, die sich

für die Rechte von sexuellen Minderheiten einsetzten und gegen Ende des 19. Jahrhunderts in Deutschland entstanden, kam es in diesem Punkt zu Meinungsverschiedenheiten: Das Wissenschaftlich-humanitäre Komitee unter der Leitung von Magnus Hirschfeld, das Homosexuelle als «drittes Geschlecht» sah, neigte zu Bündnissen von homosexuellen Männern und Frauen, während die Gemeinschaft der Eigenen, die 1902 unter anderem von dem Anarchisten Adolf Brand, dem Sexualwissenschaftler Benedict Friedlaender und dem Wandervogel Wilhelm Jansen gegründet wurde, Allianzen zwischen homo- und heterosexuellen Männern vorzog. Die Gruppe Daughters of Bilitis, die 1955 als erste politische Lesbenbewegung in San Francisco gegründet wurde, ging in den 1970er-Jahren auseinander, da sich ihre Angehörigen nicht darauf einigen konnten, ob sie dem feministischen Kampf um Frauenrechte Vorrang gegenüber spezifisch lesbischen Interessen geben sollten. Die amerikanische National Organization of Women (NOW) forderte gar den Ausschluss der «lila Gefahr», aus Furcht, radikale Lesben könnten die Organisation in den Medien in Verruf bringen.

Teile der Lesbenbewegung der 1970er- und 1980er-Jahre radikalisierten diese Diskussion, indem sie nicht nur organisatorische, sondern auch räumliche Unabhängigkeit anstrebten. In ihrem Buch *Lesbian Nation* (1973) forderte Jill Johnson die «flüchtige lesbische

Nation» zur Gründung von «Stammesverbänden» und zur Schaffung eigener gesellschaftlicher und kultureller Räume auf, die zu neuen Machtzentren innerhalb der Frauenbewegung werden sollten. Anfang der 1970er-Jahre träumten niederländische Lesben gar von einer unabhängigen lesbischen Gemeinschaft auf einer «Fraueninsel», eine utopische Idee, die australische Aktivisten aufgriffen, als sie im Jahr 2004 das Schwul-lesbische Königreich der Korallenmeerinseln ausriefen und zwei Jahre später sogar eigene Briefmarken herausgaben. Die räumliche Abspaltung von Gruppen, die nur Lesben oder nur Frauen zuließen, wurde in den Vereinigten Staaten, Kanada und Australien mit der Schaffung von Räumen und Festivals wie «herland», «wimminsland» oder «Womyn's Festival» (über die sich Armistead Maupin in seinen *Stadtgeschichten* mokierte) zumindest vorübergehend verwirklicht. Ähnliche Strategien verfolgte die Radikalfeministin Andrea Dworkin, als sie im Jahr 2000 ein eigenes Frauenland forderte. Auch schwule Autoren wie William S. Burroughs haben einen eigenen Schwulenstaat gefordert, und Organisationen wie die im Jahr 2005 gegründete Gay Homeland Foundation wollten Regierungen eines großen und dünn besiedelten Landes überzeugen, ihnen eine unbewohnte Region zu verkaufen, um dort einen eigenen Staat mit lesbischen, schwulen, bisexuellen und transsexuellen Einwohnern zu gründen.

Virtuelle Formen des sexuellen Separatismus finden sich in den Texten von «Miss Martindale», der selbst ernannten Sprecherin des «Frauenreichs Aristasien», in dem keine Männer leben und es nur die beiden Geschlechter «blond» und «brünett» gibt. Quasireligiöse Formen des Separatismus entstanden in den 1980er-Jahren in Form von neuheidnischen Gruppen wie dem Goddess Movement oder der Dianischen Wicca, die gelegentlich mit lesbischem Separatismus in Zusammenhang gebracht werden. Vorreiterin war Zsuzsanna E. Budapest, die in ihrem Buch *The Holy Book of Women's Mysteries* (1975) «neuheidnische feministische Göttinanbeterinnen» in «Hexenzirkeln» organisierte; in Bezug auf biologische Modelle der Weiblichkeit werden hier die weiblichen Fortpflanzungskräfte und ganz allgemein die Weiblichkeit und weibliche Göttlichkeit gefeiert.

Im Rahmen dieses sexuellen und Geschlechterseparatismus entstanden auch radikale Gruppen wie Queer Nation, die 1990 in New York ins Leben gerufen wurde. Queer Nation vertritt einen aktuelleren sexualpolitischen Ansatz, weil sie nicht mehr nur noch das Recht auf sexuelle Freiheit im Privatleben oder in separaten gesellschaftlichen Räumen fordert, sondern eine «Entheterosexualisierung» der Öffentlichkeit verfolgt, etwa wenn Gruppen wie die Lesbian Avengers ihre «Queer Nights Out» in Heterodiscos veranstalten. Queer zu sein habe nichts mit der privaten Ausübung von Rechten zu tun, sondern mit einem Recht auf Öffentlichkeit. Während separatistische Lebensgruppen die Flucht vor den heterosexuellen Kolonialherren forderten, verlangen Queers eine schwule «Rückeroberung» der Öffentlichkeit und eine Beseitigung der heterosexuellen Homophobie.

Die «Queer-Theorie», die Anfang der 1990er-Jahre aufkam und mit Namen wie Judith Butler, Eve Sedgwick, Teresa de Lauretis, Michael Warner und Steven Seidman in Verbindung gebracht wird, baute auf radikalen feministischen Theorien und der Kritik an der normativen Sexualität auf, wie sie Adrienne Rich, Monique Wittig und andere formuliert hatten. Queer-Theorie betont den gesellschaftlichen Charakter von Kategorien wie «schwul» und «lesbisch» und bezieht sich damit unter anderem auf Michel Foucault und Vertreter des symbolischen Interaktionismus wie die Soziologen John Gagnon, W. Simon, Ken Plummer und Jeffrey Weeks sowie Theoretikerinnen des politischen Lesbianismus. Der Begriff «queer» hat zwar eine Vielzahl von Bedeutungen, doch entscheidend ist die Ablehnung von Gegensatzpaaren wie «Mann/Frau» und «homo/hetero». Stattdessen wird die Vielfalt und Instabilität der Identität ganz allgemein betont. Mit den Worten der Soziologin Diane Richardson: «Wir befinden uns im Zeitalter der Post-Identität: post-weiblich und post-männlich sind wir transsexuell, und post-lesbisch, post-schwul, post-hetero sind wir queer.»

Die Queer-Theorie betont die permanente Rebellion gegen und Unterwanderung von gesellschaftlichen Bedeutungen und Identitäten. Für einige Autoren bedeutet dies auch eine Ablehnung der schwulen Konsumkultur mit ihren schwulen Reiseveranstaltern, Bars, Massagesalons, Rechtsanwälten, Therapeuten und Modelabels, die seit den 1980er-Jahren boomt. Statt einer Anpassung an den Mainstream will die Queer-Theorie die gesellschaftliche Ordnung aufbrechen, und zwar nicht nur die allgemeine Anerkennung der heterosexuellen Normen, sondern auch das biologische Verständnis schwuler und lesbischer Identitäten und der Geschlechter. Dieser Auffassung zufolge sind Geschlecht und sexuelle Identität fließend und instabil, wie Kate Bornstein in diesem kurzen Selbstporträt demonstriert:

Um es kurz zu machen, ich war ein Hetero, dann habe ich dieses Dings mit der Geschlechtsumwandlung gemacht und bin ein Mädel geworden, ein lesbisches Mädel. Als meine Freundin ein Mann geworden ist, habe ich mich nicht mehr Lesbe genannt. Das Lesbendasein ist mir zu kompliziert geworden, denn wenn ich mich als Lesbe bezeichnet habe, dann habe ich damit nur alle vor den Kopf gestoßen. Also habe ich mich «dyke» genannt.

Die Sexualwissenschaftlerin Carol Queen und der Schriftsteller Lawrence Schimel prägten daher 1997 den Begriff «PoMoSexuals», um postmoderne Menschen wie Kate Bornheim zu beschreiben, die den fließenden Zustand von Geschlecht und sexueller Identität demonstrieren. Sie schreiben:

Wir PoMoSexuals sind die Queers der Queers, die sich weigern, in den Schubladen mit den Etiketten «schwul» und «lesbisch» zu bleiben – genau wie wir alle aus den Schubladen springen, in die uns die Hetero-Welt stecken wollte.

Die PoMoSexuals, der «Bankert» der Schwulen- und Lesbenbewegung, wie Pat Califia, «SM-Autor von schwulen Frauenpornos», sie nennt, brechen die in den Etiketten schwul, lesbisch und heterosexuell implizierte Beziehung zwischen Geschlecht und Sexualität auf.

Politisch beharrt die zahlenmäßig kleine Queer-Bewegung auf Einbeziehung von und Solidarität mit allen sexuellen Minderheiten. Sie fordert neue Allianzen zwischen Lesben und Schwulen, indem sie den Schwerpunkt auf «Queerness» und nicht auf Männlichkeit oder Weiblichkeit legt. Einige Vertreter der Queer-Theorie kritisieren Schwulen- und Lesbenorganisationen, weil sie die homosexuelle Identität als homogen und stabil ansehen. Genauso attackieren sie radikale Feministinnen für die Biologisierung der Kategorie «Frau» und ihren Moralismus. Im Gegensatz dazu sehen Vertreter der Queer-Theorie Etiketten wie schwul, lesbisch und heterosexuell in Zukunft als Teil einer umfassenden und fließenden Identität, die sie als «queer» bezeichnen. Die heutige Realität ist allerdings noch eine andere, wie D. Travers Scott schreibt:

Für viele ist die Queer-Bewegung gleichbedeutend mit «frechen Schwuchteln und Dykes» und hat nichts mit der radikal sexualisierten und Grenzen sprengenden Koalition zu tun, die sie sein wollte. Andernfalls würden heute viel mehr heterosexuelle Queers in unseren Paraden mitmarschieren.

Die Betonung der Solidarität über verschiedene Gruppierungen hinweg hat außerdem die Kritik einer «falschen Harmonie» auf sich gezogen, die geschlechter- und hautfarbenspezifische Diskriminierungen unter den Teppich kehre. Judith Butler, eine der führenden Vertreterinnen der Queer-Theorie, hat diese Fragen in ihren Büchern angesprochen und warnt vor der Vorstellung, Feminismus und Queer-Theorie seien nicht miteinander vereinbar.

Die Queer-Theorie greift die frühere Kritik an der sexuellen Befreiung auf, insbesondere an den Positionen von Autoren wie Wilhelm Reich und Herbert Marcuse; sie schließt sich Michel Foucault an, der sich gegen die Vorstellung wandte, dass es so etwas wie eine natürliche, biologische Sexualität gebe, die «befreit» werden könne. Nach Ansicht von Foucault und anderen Vertretern des Sozialkonstruktivismus sollte Sexualität vielmehr als soziale Erfahrung verstanden werden, die durch ihren gesellschaftlichen und politischen Kontext geprägt ist. Politische Taktiken wie das eigene «Coming-out» oder das «Outing» von Prominenten haben zwar einerseits Kategorien wie «schwul» oder «lesbisch» gefestigt, doch die Darstellung der sexuellen Identität als «Entscheidung» und politische Praxis weicht diese sexuellen Identitäten wieder auf. Seit Foucault sind diese Kategorien weiter zerfallen, wie sich in den Subkulturen von Lederlesben, schwulen Sadomasochisten, Bisexuellen, Pan- und Omnisexuellen, schwulen Frauen, lesbischen Männern, anarcho-lesbischen Feministinnen, schwulen Skinheads oder Daddys (ältere schwule Männer mit Interesse an jüngeren, erwachsenen Männern) zeigt. Die Entbiologisierung und Fragmentierung von Identitäten und den entsprechenden politischen Interessen eröffnet neue Freiräume der Geschlechterpolitik, aber auch neue Probleme der Koalitionsbildung sowie neue Ausgrenzungen.

Konservative Sexualpolitik

Radikale Modelle der Sexualität, wie sie von der Queer-Theorie und den PoMoSexuals vertreten werden, stehen im Gegensatz zu den religiösen und biologischen Modellen der Sexualität, die in den vergangenen beiden Jahrzehnten eine Renaissance erlebt haben. Die katholische Kirche bezeichnet Homosexualität bis heute als «Sünde». Religiöse Fundamentalisten und Konservative, die seit den 1980er-Jahren im Westen wieder an Boden gewannen, haben die moralische Verurteilung von sexuellen Minderheiten verstärkt. Vor allem in den Vereinigten Staaten macht die christliche Rechte Front gegen die Schwulen- und Lesbenbewegung. Diese fundamentalistische Strömung besteht vor allem aus protestantischen Gruppen, die im Namen «traditioneller Werte» gegen den «moralischen Verfall» und die vermeintliche Zerstörung der heterosexuellen Familie durch Feminismus und Homosexualität agitieren.

Die Konservativen greifen zu unterschiedlichen politischen Strategien. Die Promise Keepers («Männer, die Wort halten»), eine fundamentalistische Männergruppe aus den Vereinigten Staaten, verlangen von ihren Angehörigen beispielsweise «geistliche, moralische und sexuelle Lauterkeit und Reinheit» (Versprechen 3) und «Hingabe in seine Ehe und Familie … [deren] Tragfähigkeit von seiner Liebe, seinem Schutz und seinem Leben nach biblischen Werten abhängt» (Versprechen 4). Gruppen wie diese stellen nicht die sexuelle Orientierung in den Vordergrund, sondern die Männlichkeit, und haben als Ziel die Wiederherstellung traditioneller Geschlechterrollen in der heterosexuellen Familie. Dagegen sehen andere Gruppierungen wie die

Traditional Values Coalition in der Homosexualität nicht nur eine Sünde, sondern eine Gefahr für die gesamte Gesellschaft, da sie junge Menschen «anwerben»; daher kämpfen sie explizit gegen die Gleichstellung von Homosexuellen. Die berüchtigte Westboro Baptist Church aus Kansas sieht in Epidemien und Unglücksfällen – angefangen von Aids über die Anschläge des 11. September bis zu den gefallenen Soldaten im Irak – eine Geißel Gottes, der die Vereinigten Staaten für die Tolerierung der Homosexualität bestraft.

Viele religiöse Gruppierungen bieten «Selbsthilfegruppen» für homosexuelle Männer und Frauen an, die Homosexualität als irregeleiteten Lebensstil darstellen und eine «Umerziehung» zur Heterosexualität anbieten. Die lange Zeit größte Organisation der «Ex-Gay-Bewegung», Exodus International, versprach beispielsweise eine «Befreiung von der Homosexualität durch die Kraft unseres Herrn Jesus Christus» und bot vor ihrer Selbstauflösung im Jahr 2013 «Therapien» für Menschen an, «die mit unerwünschten homosexuellen Bedürfnissen ringen».

Auch wenn religiöse und konservative Gruppen das Thema Moral weitgehend zu ihrem Monopol gemacht haben, gibt es natürlich in den Gleichstellungskampagnen eine moralische Alternative, die für die Achtung der sexuellen Vielfalt eintritt. Um dem moralischen Fundamentalismus und sexuellen Konservatismus etwas entgegenzusetzen, haben Autoren wie Jeffrey

Weeks und Vertreter der Queer-Theorie versucht, eine alternative und «fortschrittliche» Sexualmoral zu formulieren. Daneben haben liberale Theologen unterschiedlicher Konfessionen in Berufung auf die christliche Ethik die Forderungen nach Gleichstellung von Homosexuellen unterstützt; allerdings nehmen sie oft einen neokonservativen Standpunkt ein, der sich gegen den linken Aktivismus der Queer-Bewegung richtet. Beispiele sind der britische Politologe Andrew Sullivan, Autor des Buchs *The Conservative Soul*, oder die Log Cabin Republicans, der schwule Flügel der Republikanischen Partei der Vereinigten Staaten. Daneben hat in den vergangenen Jahren die «Bears»-Bewegung an Zulauf gewonnen, die besonders männlich aussehende schwule oder bisexuelle Männer mit starker Körperbehaarung und Bartwuchs zum Ideal erhebt und vermeintlich «verweiblichte» Gewohnheiten ablehnt.

Biologische Modelle der Sexualität wurden mit dem Boom der Evolutionsbiologie gestärkt. Mit den neuen Errungenschaften in der Genforschung, zum Beispiel der Entschlüsselung des menschlichen Genoms durch das Human Genome Project, erlebte das erbbiologische Verständnis sexueller Praktiken und Identitäten neuen Auftrieb. Die Vorstellung eines «schwulen Gens» wurde durch Dean Hamer in Umlauf gebracht; in einer Untersuchung an Fruchtfliegen, die 1993 in *Science* veröffentlicht wurde, stellte der Wissenschaftler eine Verbindung zwischen Genen und sexueller Orientierung her, doch die Ergebnisse sind inzwischen sehr umstritten. In den 1990er-Jahren versuchten Wissenschaftler, spezifische biologische Merkmale von Homosexuellen zu identifizieren, und wollten zum Beispiel herausgefunden haben, dass Schwule häufiger Linkshänder sind; andere Untersuchungen kamen zu dem Schluss, Homosexualität sei das Resultat einer Störung der Geschlechtshormone. Viele staatliche Behörden wie das Verteidigungsministerium der Vereinigten Staaten definieren Homosexualität bis heute in biologisch-medizinischen Begriffen als psychische Störung. Und schließlich trug die Entwicklung von potenzsteigernden Mitteln wie Viagra zu einer «Medizinisierung» der Sexualität bei.

In der Politik mussten biologische Modelle der Sexualität zur Unterfütterung sehr unterschiedlicher Positionen herhalten. Beispielsweise ließ die vermeintliche Entdeckung eines «schwulen Gens» den Ruf nach einer medizinischen Behandlung der Homosexualität laut werden. Andererseits begrüßte ein Vertreter von Lambda diese «Entdeckung» in *Time Magazine*, da nun klar sei, dass Homosexuelle «nicht anders können» und folglich keiner Diskriminierung ausgesetzt werden sollten. Genau wie die moralisch-religiösen Modelle wurden auch die biologischen Modelle der Sexualität benutzt, um sexuelle Minderheiten als krank abzustempeln oder die Forderung nach Gleichberechtigung zu untermauern.

Durch jüngste Fortschritte in der Genforschung kehrten auch Themen wie Vererbung, Geburtenkontrolle und die Zukunft der Krankenkassen auf die politische Tagesordnung zurück. Genberatung während der Schwangerschaft hat bei einigen das Gespenst der Eugenik heraufbeschworen, während andere von einer Optimierung der nationalen Gene träumen. Beispielsweise gründete der Genforscher Herman Muller in den Vereinigten Staaten eine Samenbank für Nobelpreisträger, um die «Qualität der amerikanischen Gene» zu verbessern; das Projekt musste jedoch 1999 eingestellt werden, da die Nobelpreisträger entweder nicht zu Samenspenden bereit waren oder die Spermiendichte der zumeist älteren Herren nicht mehr ausreichte.

In Ländern wie Frankreich thematisierten Politiker in den 1990er-Jahren die höhere Reproduktionsrate von «unerwünschten» Bevölkerungsgruppen, zum Beispiel von muslimischen Einwanderern, und griffen damit die vorhandene Sorge um das Bevölkerungswachstum in nicht westlichen Ländern wie Indien und China auf. Bis heute ist die weibliche Fortpflanzungsfähigkeit Ziel staatlicher Eingriffe. In den Vereinigten Staaten wurden beispielsweise Anfang der 1970er-Jahre pro Jahr geschätzte 100000 bis 150000 Frauen aus ärmeren Schichten sterilisiert; die Mittel dazu stammten aus staatlichen Programmen, und häufig wurde den Frauen mit dem Entzug der Sozialhilfe gedroht, sollten sie sich nicht operieren lassen. Im Jahr 1974 wurde diese Praxis gerichtlich untersagt, doch dies war keineswegs das Ende der Zwangssterilisierungen. Bis Anfang der 1980er-Jahre waren in den Vereinigten Staaten geschätzte 24 Prozent aller afroamerikanischen, 35 Prozent aller puerto-ricanischen Frauen sowie 42 Prozent aller Ureinwohnerinnen sterilisiert worden (zum Vergleich: bei den Weißen waren es nur 15 Prozent), oft ohne deren Zustimmung oder ausreichende Aufklärung. Heute bieten Projekte wie «Project Prevention» männlichen und weiblichen Drogensüchtigen finanzielle Anreize, wenn sie sich sterilisieren lassen. Und seit den 1990er-Jahren verfolgen Republikaner eine «Neo-Eugenik», wenn sie die Sterilisierung von «Problemgruppen» wie drogenabhängigen Müttern und Sozialhilfeempfängern verlangen.

In Europa hat die Einwanderungsdebatte auch die Kontroverse um die Sexualethik wiederbelebt. Muslimischen Einwanderern wird vorgeworfen, sie lehnten die sexuelle Befreiung, die Emanzipation der Frau und die sexuelle Vielfalt ab. Diese Darstellung des «Fremden» als sexuell unterdrückt ist interessanterweise das exakte Spiegelbild früherer historischer Darstellungen der nicht westlichen Sexualität. Östliche Kulturen waren lange eine Projektionsfläche für die sexuellen Fantasien des Westens. In ihren exotischen Darstellungen des «Orients» zeichneten westliche Intellektuelle diese Kulturen als Ort grenzenloser Sinnlichkeit, angefan-

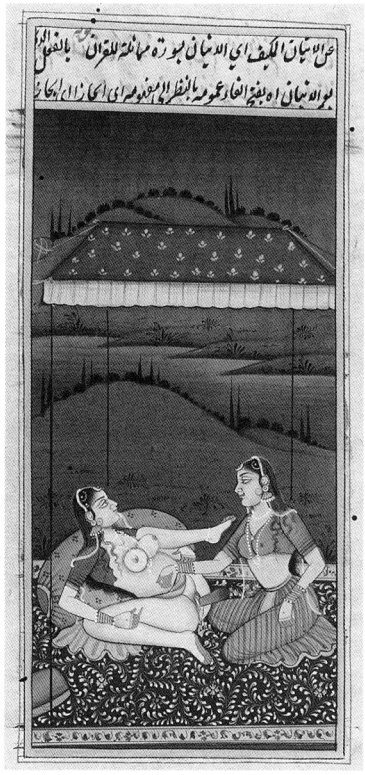

Abbildung 12: *Zwei Frauen tauschen Zärtlichkeiten aus benutzen eine Karotte als Dildo. Indien, 19. Jahrhundert.*

gen mit Montesquieus *Persischen Briefen* (1721) über Gustave Flauberts *Salambo* (1862) bis zu Richard Burtons Übersetzungen der *Märchen aus Tausendundeiner Nacht* und des *Kamasutra*. Westliche Anthropologen wie Margaret Mead oder Bronislaw Malinowski zeichneten die Nichteuropäer als «natürlicher» und daher sexuell ungezwungener als die zivilisierten und verklemmten Europäer. Stereotypen wie der potente Afrikaner sind weitere Beispiele für westliche Projektionen sexueller und rassistischer Fantasien und Ängste.

Sexualität und Macht

Die jüngsten Kontroversen demonstrieren also, dass die Sexualität bis heute vor dem Hintergrund der gesellschaftlichen Machtverhältnisse und der Auseinandersetzungen rund um Geschlechterrollen, gesellschaftliche Klassen und Ethnien verstanden werden muss. Wie Michel Foucault schreibt, ist die Sexualität ein «besonders dichter Durchgangspunkt für die Machtbeziehungen: zwischen Männern und Frauen, zwischen Jungen und Alten, zwischen Eltern und Nachkommen, zwischen Lehrern und Schülern, zwischen Priestern und Laien, zwischen Verwaltungen und Bevölkerungen». Im Gegensatz zum Paradigma der sexuellen Freiheit lässt sich Sexualität also nicht einfach gegen Macht ausspielen. Wie bereits gesehen, beschrieben freudsche Marxisten wie Marcuse, Reich oder Fromm die Sexualität als positive Kraft, die von der modernen Kultur und dem Kapitalismus unterdrückt wird, und hofften, mithilfe der sexuellen Befreiung die gesellschaftliche Ordnung zu verändern. Die Hoffnung, dass die sexuelle Revolution nicht nur die Sexualität befreit, sondern auch repressive Machtstrukturen aufbricht, hat sich allerdings seither relativiert.

Die Beziehungen zwischen Sexualität und Macht sind umso wichtiger, als unser Selbstverständnis als sexuelle Wesen ein derart wesentlicher Bestandteil unserer Identität ist, wie Foucault betont. Darauf weist auch der britische Soziologe Anthony Giddens hin, wenn er schreibt: «Sexualität fungiert als formbarer Aspekt des Selbst und als zentrale Verbindung zwischen Körper, Identität und gesellschaftlichen Normen.» Die beiden Autoren sind sich jedoch uneins, was diese zentrale Bedeutung der Sexualität für unsere moderne Identität politisch bedeutet. Während die Sexualität nach Ansicht von Foucault zum zentralen Objekt der modernen Machtverhältnisse und der Disziplinierung von «gesellschaftlichen Problemgruppen» wird, sieht Giddens in der zunehmenden Verbreitung der «reinen» Beziehung in den letzten Jahrzehnten eine positive Entwicklung; wobei er unter «reinen» Beziehungen eine Art der Beziehung meint, die vor dem Hintergrund der größeren wirtschaftlichen Unabhängigkeit von Frauen und der neuen Ausstiegsmöglichkeiten wie der Scheidung gewissermaßen um ihrer selbst willen besteht. Diese reine Beziehung sei zwar brüchiger als eine traditionelle Ehe, die durch gesellschaftliche Einrichtungen gestützt wurde, doch die Veränderung der Intimität bedeute eine Demokratisierung des privaten wie des öffentlichen Raums. Giddens bezieht sich dabei vor allem auf heterosexuelle Beziehungen und sieht, genau wie die deutschen Soziologen Ulrich Beck und Elisabeth Beck-Gernsheim, in den Frauen eine Vorhut für ein gleichberechtigtes Verständnis der Sexualität und der Intimität. Demzufolge sind Veränderungen der männlichen Sexualität in erster Linie eine passive Reaktion auf weibliche Emanzipationsanstrengungen.

Sicher hat sich das Machtverhältnis zwischen Männern und Frauen in den vergangenen Jahrzehnten dramatisch verschoben, genau wie die normativen Modelle von Männlichkeit und Weiblichkeit. Einerseits wurde die männliche Sexualität als gewalttätig beschrieben, andererseits wurde die Passivität und Verwundbarkeit der männlichen Sexualität dargestellt und eine «Krise der Männlichkeit» heraufbeschworen, auf die Gruppen wie die Promise Keepers eine fundamentalistische Antwort bieten. Auch die jüngsten Kontroversen um das Potenzmittel Viagra lassen sich unterschiedlich deuten: Der kommerzielle Erfolg des Produkts lässt sich als Triumph der männlichen Lust genauso deuten wie als Beitrag zum Mythos (und psychischen Druck) der sexuellen Performance des Mannes. Sexualwissenschaften und Medizin haben in der Analyse von Geschlecht und Sexualität eine Kehrtwende vollzogen: Wurde zunächst die weibliche Sexualität pathologisiert und die männliche Heterosexualität zur Norm erhoben, wird heute auch die männliche Sexualität problematisiert. Was uns daran erinnert, dass «Geschlecht kein Synonym für Frau» ist, wie der Politikwissenschaftler Terrell Carver schreibt.

Seit Ende der 1980er-Jahre steht die Sexualität im Westen ganz oben auf der politischen Agenda. Themen wie Schwangerschaften von Minderjährigen, der Kampf gegen Geschlechtskrankheiten, Zwangsprostitution, sexuelle Ausbeutung, Internetpornografie, Homosexuelle im Militär, homosexuelle Partnerschaften und Adoptionen, künstliche Befruchtungsmethoden und die private Moral von Politikern sind Gegenstand heftiger Debatten, und ältere Streitfragen wie Abtreibung stehen weiter auf der Tagesordnung. Themen wie Aids, Sextourismus, Frauenhandel und pädophile Netzwerke im Internet verdeutlichen einerseits die Globalisierung der Sexualpolitik und andererseits die Rückkehr des moralischen Diskurses. Vor dem Hintergrund der politischen, gesellschaftlichen und technischen Entwicklungen hat die Sexualität in den vergangenen Jahrzehnten erhebliche Umwälzungen erlebt. Die Sexualwissenschaft hat die Auswirkungen dieser Veränderungen auf individuelle Praktiken do-

Abbildung 13: *Anzeige des Unternehmens Pfizer und der Impotence Association mit der Fußballlegende Pelé (2002).*

kumentiert. Ironischerweise wird die Veränderung der sexuellen Wahrheiten und Machtverhältnisse vor allem von denjenigen vorangetrieben, die von der Medizin und den Sexualwissenschaften lange im Verhältnis zur vorherrschenden männlichen Heterosexualität als «Randgruppen» beschrieben wurden, nämlich von Frauen und Homosexuellen.

Dabei hat das gesellschaftliche Verständnis der Sexualität zahlreiche neue Facetten erhalten. Während die Theorie der sexuellen Befreiung die Sexualität als Schlüssel zu Erfüllung und Glück sah, ist sie in anderen Sichtweisen ein Ort der Gefahr, des Todes, des moralischen Verfalls, der kommerziellen Ausbeutung, der männlichen Gewalt, der politischen Selbstbestätigung und der Destabilisierung von Identitäten.

Fließende Sexualität

Moderne Menschen können im Prinzip nach Belieben sexuelle Identitäten annehmen. Die Bühne dazu wird durch den gesellschaftlichen und politischen Kontext der Moderne vorgegeben. Neue Kommunikationsmedien wie das Internet bieten neue sexuelle Optionen, zum Beispiel «virtuelle Identitäten» im Cyberspace und eine größere Auswahl an potenziellen Partnern. Wie der Soziologe Zygmunt Bauman in seinem Buch *Liquid Love* schreibt, zeichnet sich die moderne Welt allgemein durch fließende soziale Beziehungen und eine Abneigung gegen langfristige Festlegungen aus, da hinter der nächsten Ecke schon «etwas Besseres» warten könnte. Die Fragmentierung der sexuellen Subkulturen verläuft parallel zur immer weiteren Spezialisierung der Konsumwelt. Schwule Kontaktbörsen wie das englischsprachige Gaydar sind ein globales Phänomen und locken Nutzer aus der ganzen Welt an. Stärker spezialisierte Agenturen richten sich an «heterosexuelle Weiße», «lesbische Afroamerikanerinnen» oder «unglücklich Verheiratete», während die inzwischen abgeschaltete Safe Love International, in deren Beirat prominente Sexualwissenschaftler wie Theresa Crenshaw saßen, «Aids-freie» Mitglieder versprach.

Die Bürger der modernen Welt verstehen ihre sexuellen Identitäten und Probleme auf neue Weise, wie ein Brief an die Ratgeberkolumne «Savage Love» des amerikanischen Autors Dan Savage demonstriert:

In den vergangenen 15 Jahren habe ich mich als bisexuell bezeichnet und monogame Beziehungen mit Männern und Frauen geführt. Vor einigen Jahren habe ich einen wunderbaren Mann geheiratet. Unlängst habe ich jedoch festgestellt, dass ich homosexuell bin. Ich habe mit meinem Mann darüber gesprochen, und der findet das in Ordnung. Ich habe beschlossen, bei ihm zu bleiben und eine monogame Ehe zu führen. Wir haben eine tolle Beziehung und guten Sex. Wir haben allerdings die Möglichkeit offengelassen, wenn nötig in Zukunft eine Frau zu einem Dreier dazuzunehmen. Bis jetzt bin ich jedenfalls mit ihm glücklich. Ich flirte mit Mädels, wir sprechen offen über meine Vorlieben, aber seit unserer Hochzeit habe ich nicht mehr mit einer Frau geschlafen. Damit kann ich leben. Aber jetzt meine Frage: Darf ich mich eine Lesbe nennen, wenn ich mit einem Mann verheiratet bin und mit ihm schlafe? Ich weiß auch nicht, ob ich mich noch «bi» nennen kann, da ich kein Interesse an anderen Männern habe. Kann ich mich als Lesbe bezeichnen, auch wenn ich gar nicht mit Frauen schlafe?

Ratgeber, Therapeuten und Selbsthilfegruppen bieten Rat in Beziehungsfragen, sexueller Etikette und Techniken in der fließenden Welt der modernen Sexualität. Bücher wie *Wenn Frauen zu sehr lieben*, *SOS in der Liebe* oder *Wenn es verletzt, ist es keine Liebe* führen Leser durch das Minenfeld der Intimität und der Gefühle. Andere Ratgeber wie *Sexercises* («50 atemberaubende Stellungen») oder *Sex für Dummies* der amerikanischen Sexualwissenschaftlerin Dr. Ruth Westheimer gehen das Thema von einer praktischeren Seite an. Und Bücher wie *Die Freuden der Schwulen*, *Der beste Sex der Welt* von Men's Health, *Lesbian Sex*, *Silver Sex* oder *Sexualität und Beziehung bei Menschen mit einer geistigen Behinderung* richten sich an spezifische Gruppen.

Bestseller wie *Die Kunst, den Mann fürs Leben zu finden* geben die traditionellen Normen des männlichen und weiblichen Sexualverhaltens wieder und gehen von der Annahme aus, dass sich Männer und Frauen biologisch unterscheiden. «In einer Beziehung muss der Mann die Initiative ergreifen. Er muss die Zügel in der Hand halten. Das ist keine Erfindung: Biologisch ist er der Aggressor», heißt es da, und «Sprich keinen Mann an und fordere ihn nicht zum Tanzen auf».

Bei dem Versuch, die vorherrschenden Normen zu überwinden, werden jedoch oft neue Normen aufgestellt, wie Shere Hite mit ihrem Beharren auf dem weiblichen Orgasmus belegt:

Wenn Sie keinen Orgasmus bekommen, können Sie Selbsthilfeliteratur oder feministische Literatur zurate ziehen, oder Sie können Freundinnen fragen, wie sie zum Orgasmus kommen. Sie können es auch mit einer Selbsthilfegruppe und einer Sextherapeutin versuchen oder mit einem Partner beziehungsweise Partnerin, die sensibel genug ist, um Ihnen zu helfen. Geben Sie nicht auf. Viele Frauen haben noch nach Jahren ohne Orgasmus gelernt, zum Orgasmus zu kommen, und es ist nie zu spät herauszufinden, was für Sie funktioniert.

Die fortwährenden Umdeutungen und die Politisierung der Sexualität haben die Hegemonie des «Normalen» infrage gestellt. Die feministische Kritik hat das Verständnis der Sexualität erweitert und dafür gesorgt, dass darunter heute nicht nur die Penetration verstanden wird. Schwule und lesbische Gruppen haben die tief greifenden Veränderungen der sexuellen und der Geschlechterordnung der vergangenen Jahrzehnte sichtbar gemacht. Mit ihren radikalen Experimenten an der Schnittstelle zwischen biologischem und gesellschaftlichem Geschlecht sind die «Queers» vielleicht die eigentlichen Sexualrevolutionäre unserer Zeit. Genau wie die sich selbst kastrierenden Urchristen, die anarchistischen freien Liebenden, die Swinger der 1960er-Jahre, die reichschen Sexualrevolutionäre und die politischen Lesben aus den sexuellen Nischen kamen und neue Bedeutungen und Praktiken entwickelten, hinterfragt die postmoderne «lesbische Separatistin, die zur professionellen Domina wird, sich in eine Transsexuelle verliebt, eine Geschlechtsumwandlung vornimmt und feststellt, dass er schwul ist» unsere Grundannahmen über Geschlecht und demonstriert, wie fließend die sexuelle Identität in der Postmoderne geworden ist.

Heißt das, dass wir in Zukunft alle PoMoSexuelle sein werden? Werden Hetero- und Homosexualität verschwinden? Wie wir gesehen haben, sind die heutigen sexuellen «Wahrheiten» und Identitäten Konstrukte jüngeren Datums, die durch Sexualwissenschaften und Medizin hervorgebracht wurden. In Zukunft könnten wir durchaus die Zwänge der Sexualität des 19. Jahrhunderts hinter uns lassen. Manche Sexualtheoretiker fordern daher eine kollektive «Entsexualisierung». Gleichzeitig gibt es wenig Anlass zu der Annahme, dass diese entsexualisierte Zukunft in greifbarer Nähe sein könnte, vor allem angesichts der Rückkehr traditioneller Sexualvorstellungen in der Kultur und den wissenschaftlichen Diskursen. Doch auch eine alternative und pluralistische Zukunft der Sexualität würde neue Normen, neue Machtverhältnisse und neue staatliche Maßnahmen hervorbringen. Keine Kultur wird in vollständiger sexueller Freiheit leben. Wie der Soziologe Ken Plummer schreibt:

Wie neutral und objektiv die Rede von der sexuellen Vielfalt auch erscheinen mag, geht es auch ihr um Macht. Jede Kultur muss durch formelle und informelle politische Prozesse festlegen, welche Formen der Vielfalt sie zulässt und welche nicht.

Wie wir in diesem Buch gesehen haben, sind sexuelle Bedürfnisse, Werte und Gefühle das Produkt der jeweiligen historischen Umstände. Die gegenwärtigen Praktiken können dazu beitragen, die gängigen Vorstellungen der Sexualität zu hinterfragen, doch ganz unabhängig von den Auswirkungen, die künftige wissenschaftlich-technische Entwicklungen auf unsere Körper und unsere Beziehungen haben werden, erhält die Sexualität ihre Bedeutung in Gesellschaft und Politik.

Dank

Teile dieses Buchs entstanden im Rahmen meiner Vorlesungen zur Sexualität, die ich zwischen 1999 und 2008 an der Sozialwissenschaftlichen Fakultät und dem Zentrum für Geschlechterforschung an der Universität Cambridge gehalten habe. Ich danke meinen Studierenden für ihre Fragen und ihr Feedback. Außerdem basiert dieses Buch zum Teil auf früheren Forschungen, die vom Schweizerischen Nationalfonds zur Förderung der wissenschaftlichen Forschung unterstützt wurden. Für institutionelle Unterstützung danke ich dem Jesus College der Universität Cambridge sowie der Fakultät für Anthropologie und Soziologie der Universität Lausanne.

Für ihre hilfreichen Kommentare und Vorschläge bin ich Man Bergman, Lucy Bland, Terrell Carver, Clare Chambers, Jackie Clackson, Christine Delphy, Rebecca Flemming, Peter Garnsey, Natalia Gerodetti, Anthony Giddens, Simon Goldhill, Geoff Hartcourt, Tim Jenkins, Gerry Kearny, Duncan Kelly, Philippa Levine, Juliet Mitchell, Helen Morales, Martine Moret, Ilja Mottier, Yannis Papadaniel, Patricia Roux, Rupert Russell, Janet Soskice, Bernard Voutat und Hans Wijngaards zu tiefstem Dank verpflichtet. Außerdem danke ich James Thompson, Andrea Keegan und Mar-

192 | Kapitel 5

sha Filion von Oxford University Press, die dieses Projekt vorgeschlagen und unterstützt haben, und Olaf Henricson-Bell sowie Alyson Silberwood, die den Text redigiert haben. Bei einem derart kontroversen Thema ist es vermutlich verständlich, dass dieses Buch nicht unbedingt die Meinungen der oben genannten Personen wiedergibt. Und nicht zuletzt vielen Dank an meinen Mann James Clackson für seine vielen wissenschaftlichen und anderen Beiträge.

Literatur

Kapitel 1

Eine umfassende Analyse der Sexualität in der klassischen griechischen Literatur der ersten Jahrhunderte unserer Zeitrechnung finden Sie in Simon Goldhill, *Foucault's Virginity: Ancient Erotic Fiction and the History of Sexuality* (Cambridge: Cambridge University Press, 1995). Der Titel ist ein Zitat aus Erotes 36 und stammt aus Goldhills Vorwort.

Das Zitat aus Platons *Symposion* stammt aus der Übersetzung von Franz Susemihl in *Platons Werke*, Stuttgart, 1855, S. 191f. (http://www.opera-platonis.de/Symposion.html). Eine aktuelle Ausgabe von Platons *Gastmahl* ist die Übersetzung von Barbara Zehnpfennig in der Philosophischen Bibliothek des Meiner Verlags (zweite Ausgabe: Stuttgart, 2012). Ovids *Ars amatoria* und *Remedia amoris* wurden unter anderem von Niklas Holzberg übersetzt und erschienen in zweisprachiger Ausgabe bei Artemis und Winkler (Zürich, 4. Auflage, 1999). Holzberg übersetzte auch Ovids *Metamorphosen* (in denen Sie den Mythos von Teiresias finden); erschienen ist diese Übersetzung bei Artemis und Winkler (Zürich, 1992). Das Zitat von Demosthenes stammt aus *Oration* 59.122. Die Zitate aus Petrons *Satyricon* stammen aus *Das Gastmahl des Trimalchio,* übersetzt von Wilhelm Heinse (Düsseldorf: Ernst Ohle, 1913), http://www.gottwein.de/Lat/petron_sat/satyr126.php. Der Hinweis dazu stammt aus Angus McLaren, *Impotence: A Cultural History* (Chicago: Chicago University Press, 2007), S. 2 und 15.

Michel Foucaults Ausführungen zur Sexualität in der Antike finden Sie in *Sexualität und Wahrheit*: Band 2: *Der Gebrauch der Lüste*

(Frankfurt am Main: Suhrkamp, 1986) und Band 3: *Die Sorge um sich.* (Frankfurt am Main: Suhrkamp, 1986). David Halperins Darstellungen der Sexualität im antiken Griechenland basieren weitgehend auf Foucaults Theorien, vor allem *One Hundred Years of Homosexuality and Other Essays on Greek Love* (New York: Routledge, 1990); aus diesem Buch stammt auch das Zitat. Eine ähnliche Sicht entwickelt John J. Winkler in *The Constraints of Desire: The Anthropology of Sex and Gender in Ancient Greece* (New York: Routledge, 1990).

Andere Analysen sind zum Beispiel John Boswells *Same-Sex Unions in Premodern Europe* (New York: Random House, 1994) und James Davidson: *Courtesans and Fishcakes: The Consuming Passions of Classical Athens* (London: Fontana Press, 1998), der sich mit Sexualität und Ernährung beschäftigt. Zu diesem Zusammenhang siehe auch Peter Garnsey, *Food and Society in Classical Antiquity* (Cambridge: Cambridge University Press, 1999).

Zur weiblichen Sexualität und zum Körper in der Antike siehe Helen King, *Hippocrates's Woman: Reading the Female Body in Ancient Greece* (London: Routledge, 1998) und Sarah B. Pomeroy, *Goddesses, Whores, Wives and Slaves: Women in Classical Antiquity* (New York: Schoken Books, 1975). Zur Medizin in der Antike siehe Rebecca Flemming, *Medicine and the Making of Roman Women: Gender, Nature and Authority from Celsus to Galen* (Oxford: Oxford University Press, 2000).

Zum Begriff *lesbiazein* siehe unter anderem Jeffrey Henderson, *The Maculate Muse: Obscene Language in Attic Comedy,* 2nd edn (Oxford: Oxford University Press, 1991), S. 183.

Das Zitat von Seneca stammt aus *De Beneficiis* 1.10 in der Übersetzung von J. Moser (Stuttgart: Metzler, 1929). Der Kommentar zu Lucilius stammt aus Brief 97. Plinius' Ausführungen zur Liebe bei

Elefanten stammen aus *Naturalis historia* 8.5, Roderich König u.a. (Hrsg.), *C. Plinius Secundus: Naturkunde.* 37 Bände (Zürich: Artemis und Winkler, 1990–2004).

Eine verlässliche Darstellung frühchristlicher Einstellungen zur Sexualität finden Sie in Peter Brown, *The Body and Society: Men, Women and Sexual Renunciation in Early Christianity* (New York: Columbia Press, 1998). Zur Impotenz-Untersuchung siehe Angus McLaren, *Impotence: A Cultural History* (Chicago: Chicago University Press, 2007) sowie Richard H. Helmholtz, *Marriage Litigation in Medieval England* (Cambridge: Cambridge University Press, 1974), S. 89.

Zu Origen und Selbstkastration siehe Uta Ranke-Heinemann, *Eunuchen für das Himmelreich. Katholische Kirche und Sexualität* (Hamburg: Hoffmann und Campe, 1988). Das Zitat von Augustinus stammt aus seinen *Bekenntnissen* (Deutsch von Otto Lachmann. Buch 8, Kapitel 7. Stuttgart: Reclam, 1888. http://gutenberg. spiegel.de/buch/510/9).

Zu biologischem und gesellschaftlichem Geschlecht und Körper siehe Thomas Laqueur, *Making Sex: Body and Gender from the Greeks to Freud* (Harvard: Harvard University Press, 1990). Zur Moralpolizei von Florenz siehe Michael Rocke, *Forbidden Friendships: Homosexuality and Male Culture in Renaissance Florence* (Oxford: Oxford University Press, 1996).

Kapitel 2

Das Eingangszitat stammt von Krafft-Ebing, *Psychopathia sexualis*, 12. Auflage, 1902, S. 296/7.

Michel Foucaults Ansichten zu Sexualität finden Sie in seiner Einleitung zu *Sexualität und Wahrheit.* Band 1: *Der Wille zum Wissen*

(Frankfurt am Main: Suhrkamp, 1983). Siehe auch Véronique Mottier, «Sexuality and Sexology: Michel Foucault», S. 113-23, in: Terrell Carver und Véronique Mottier (Hrg.), *Politics of Sexuality: Identity, Gender, Citizenship* (London: Routledge, 1998).

Eine ausgezeichnete historische Darstellung finden Sie in Stephen Garton, *Histories of Sexuality: Antiquity to Sexual Revolution* (London: Equinox, 2004). Zur Sexualität in Großbritannien siehe Jeffrey Weeks, *Sex, Politics and Society: The Regulation of Sexuality since 1800*, 2. Ausgabe (Harlow: Longman, 1998) sowie Steven Marcus, *The Other Victorians: A Study of Sexuality and Pornography in Mid-Nineteenth-Century England* (New York: Basic Books, 1964).

Zu Masturbation siehe Thomas Laqueur, *Solitary Sex: A Cultural History of Masturbation* (New York: Zone Books, 2003). Anonymous, *Onania; or, the Heinous Sin of Self Pollution, and all its Frightful Consequences, in both sexes, considered, with Spiritual and Physical Advice to those who have already injured themselves by this abominable Practice* (London, 1712/1718) sowie Samuel Tissot, *L'Onanisme; ou, Dissertation Physique sur les maladies produites par la masturbation* (Paris, 1760).

Das Zitat zur «explosiven Sprengkraft der Sexualität» stammt aus Patrick Geddes und J.A. Thomson, *Sex* (London: Home Universal Library, 1914), S. 148.

Zur Kategorienbildung siehe Jonathan Ned Katz, *The Invention of Heterosexuality* (Chicago: University of Chicago Press, 2007); Joséphin Péladan, *Le vice supreme* (Lyon: Editions Palimpseste, 2006 [1884]), sowie Band 1 von Foucaults *Sexualität und Wahrheit*.

Auszüge aus klassischen Werken der Sexualforschung finden Sie in Lucy Bland und Laura Doan (Hrg.), *Sexology Uncensored: The Documents of Sexual Science* (Cambridge: Polity Press, 1998). Zum «eingeschlechtlichen Körper» siehe Thomas Laqueur, *Making Sex: Body and Gender from the Greeks to Freud* (Harvard: Harvard University Press, 1990).

Zur Klitoridektomie des 19. Jahrhunderts siehe Helen King, *Hippocrate's Woman: Reading the Female Body in Ancient Greece* (London: Routledge, 1998), S.14.

Klassiker der erotischen Literatur sind unter anderem John Cleland, *Fanny Hill: or Memoirs of a Woman of Pleasure* (London: Wordsworth Editions, 2000 [1749]; deutsche Ausgabe: *Fanny Hill: Memoiren eines Freudenmädchens.* Düsseldorf: Albatros, 2005). *Walter* (Anonym) ((?)), *My Secret Life* (London: Wordsworth Editions, 1995 [1888-94]).

Die Zitate von Auguste Forel stammen aus *La Question sexuelle* (1905).

Der Begriff der «funktionellen Sexualstörung» stammt aus William Masters und Virginia Johnson, *Human Sexual Inadequacy* (Boston, Mass.: Little Brown, 1970). Deutsche Ausgabe: *Impotenz und Anorgasmie. Zur Therapie funktioneller Sexualstörungen* (Frankfurt: Goverts Krüger Stahlberg, 1973).

Zu homosexuellen Bürgerrechtsbewegungen im Deutschland des ausgehenden 19. Jahrhunderts siehe Eve Kosofsky Sedgwick, *Epistemology of the Closet* (Berkeley: University of California Press, 1990), S. 88 und 134.

Zur Theorie der sexuellen Befreiung siehe unter anderem Wilhelm Reich, *Die Sexualität im Kulturkampf* (1936), nachgedruckt als *Die sexuelle Revolution* (Frankfurt am Main: Europäische Verlagsanstalt, 1966); *Die Funktion des Orgasmus* (Frankfurt am Main: Europäische Verlagsanstalt, 1969) sowie *Ausgewählte Schriften. Eine*

Einführung in die Orgonomie (Köln: Kiepenheuer & Witsch, 1976). Außerdem Herbert Marcuse, *Eros und Kultur. Ein philosophischer Beitrag zu Sigmund Freud* (Stuttgart: Klett, 1955) und Erich Fromm, *Die Kunst des Liebens* (Frankfurt: Ullstein, 1956).

Zu empirischen Untersuchungen siehe Vern L. Bullough, *Science in the Bedroom: The History of Sex Research* (New York: Basic Books, 1994) und Liz Stanley, *Sex Surveyed 1949–1994* (London: Taylor & Francis, 1995).

Zu Kinsey: Alfred C. Kinsey u.a., *Sexual Behaviour in the Human Male* (Philadelphia: Saunders, 1949); *Sexual Behaviour in the Human Female* (Philadelphia: Saunders, 1953). Deutsche Ausgaben: *Das sexuelle Verhalten der Frau* (Berlin: G. B. Fischer, 1954) und *Das sexuelle Verhalten des Mannes* (Berlin: G. B. Fischer, 1955).

Zu Masters und Johnson: William Masters und Virginia Johnson, *Human Sexual Response* (New York: Bantam Books, 1966); *Human Sexual Inadequacy* (Boston, Mass.: Little Brown, 1970). Deutsche Ausgaben: *Die sexuelle Reaktion* (Frankfurt: Akademische Verlagsgesellschaft, 1967) und *Impotenz und Anorgasmie. Zur Therapie funktioneller Sexualstörungen* (Frankfurt: Goverts Krüger Stahlberg, 1973).

Sigmund Freud, *Das Unbehagen in der Kultur* (1930), in: Sigmund Freud: *Gesammelte Werke*, Band 14 (London: Imago, 1948). *Drei Abhandlungen zur Sexualtheorie* (1905), in: *Gesammelte Werke*, Band 5. Siehe auch Juliet Mitchell, *Psychoanalysis and Feminism: Freud, Reich, Laing, and Women* (New York: Pantheon Books, 1974).

Neuere Beispiele zur Anwendung der Evolutionstheorie auf die Sexualität sind Randy Thornhill und Craig Palmer, *A Natural History of Rape: Biological Bases of Sexual Coercion* (Cambridge, Mass.:

MIT Press, 2000), Michael P. Ghiglieri, *The Dark Side of Man: Tracing the Origins of Male Violence* (New York: Perseus, 1999) oder Helen Fisher, *Anatomy of Love. A Natural History of Mating, Marriage, and Why We Stray* (New York: Random House, 1992).

Schlüsseltexte bei der Entwicklung eines gesellschaftlichen Modells der Sexualität sind zum Beispiel John H. Gagnon und W. Simon, *Sexual Conduct: The Social Sources of Human Sexuality* (Chicago: Aldline, 1973); Ken Plummer, *Sexual Stigma: An Interactionist Account* (London: Routledge & Kegan Paul, 1975); Jeffrey Weeks, *Sexuality and Its Discontents: Meanings, Myths and Modern Sexualities* (London: Routledge & Kegan Paul, 1985); Stephen Heath, *The Sexual Fix* (Houndmills: MacMillan, 1982); David Halperin, *One Hundred Years of Homosexuality and Other Essays on Greek Love* (New York: Routledge, 1990).

Kapitel 3

Das Zitat stammt aus Jill Johnson, *Lesbian Nation* (New York: Simon and Schuster, 1973), S. 166-7.

Zu Geschlechtskrankheiten siehe Tamsin Wilton, *EnGendering AIDS: Deconstructing Sex, Text and Epidemic* (London: Sage, 1997). Shakespeares *King Lear*, IV.126, zitiert in der Übersetzung von Christoph Martin Wieland (http://gutenberg.spiegel.de/buch/2162/46). Derek Llewellyn-Jones, *Herpes, AIDS and Other Sexually Transmitted Diseases* (London: Faber and Faber, 1985). Magnus Hirschfeld, *Die Sittengeschichte des Weltkrieges* (2 Bände) (Leipzig: Verlag für Sexualwissenschaft Schneider & Co., 1930).

Politik und feministischer Aktivismus zum Thema Prostitution: Lucy Bland, *Banishing the Beast: English Feminism and Sexual Morality 1885–1914* (London: Penguin, 1995); William Actons Ausspruch S. 55, «Frauen gegen Sex» S. 313. Philippa Levine, *Prostitution, Race and Politics: Policing Venereal Disease in the British Empire* (New York: Routledge 2003). Joyce Outshoorn (Hrg.), *The Politics of Prostitution: Women´s Movements, Democratic States and the Globalisation of Sex Commerce* (Cambridge: Cambridge University Press, 2004).

Kollontais Ansichten finden Sie im Sammelband Alexandra Kollontai, *Die neue Moral und die Arbeiterklasse* (Berlin: Seehof, 1920).

Giddens' Zitat stammt aus Anthony Giddens, *The Transformation of Intimacy: Sexuality, Love and Eroticism in Modern Societies* (Cambridge: Polity Press, 1992), S.29. Deutsche Ausgabe: *Wandel der Intimität: Sexualität, Liebe und Erotik in modernen Gesellschaften* (Frankfurt: S. Fischer, 1993).

Zur Masturbation siehe Betty Dodson, *Liberating Masturbation: A Meditation on Self-Loving* (Bodysex Designs, 1974) und *Sex For One* (New York: Three Rivers Press, 1986); deutsche Ausgabe: *Sex for One: Die Lust am eigenen Körper* (München: Goldmann, 1989). Alex Comfort, *The Joy of Sex* (Erstausgabe New York: Crown, 1972); *More Joy of Sex* (Erstausgabe London: Mitchell Beazley, 1973). Deutsche Ausgaben: *Joy of sex = Freude am Sex* (Berlin: Ullstein, 1976) und *More Joy of Sex = Noch mehr Freude am Sex* (Berlin: Ullstein, 1978).

Feministische Positionen zur sexuellen Befreiung: Sheila Jeffreys, *Anticlimax: A Feminist Perspective on the Sexual Revolution* (London: The Women's Press, 1990). Beatrix Campbell, «A Feminist Sexual Politics: Now You See It Now You Don't», *Feminist Review*, 5 (1980). Kate Millett, *Sexual Politics* (London: Virago, 1970); deutsche Ausgabe: *Sexus und Herrschaft: Die Tyrannei des Mannes in unserer Gesellschaft* (München: Desch, 1971); Germaine Greer, *Female Eunuch* (New York: Farrar, Straus and Giroux, 1971);

deutsche Ausgabe: *Der weibliche Eunuch: Aufruf zur Befreiung der Frau* (Frankfurt: S. Fischer, 1974).

Masters und Johnson zur sexuellen Befreiung der Frau: William Masters und Virginia Johnson, *The Pleasure Bond* (New York: Bantam Books, 1974). Eine kritische Beurteilung finden Sie in Janice M. Irvine, *Disorders of Desire: Sex and Gender in Modern American Sexology* (Philadelphia: Temple University Press, 1990).

Fridays Untersuchungen zu sexuellen Fantasien finden Sie in: Nancy Friday, *My Secret Garden: Women's Sexual Fantasies* (New York: Pocket Books, 1973); *Forbidden Flowers: More Women's Sexual Fantasies* (New York: Pocket Books, 1975); *Men in Love: Men's Sexual Fantasies: The Triumph of Love over Rage* (New York: Dell, 1980). Deutsche Ausgaben: *Die sexuellen Phantasien der Frauen* (Reinbek bei Hamburg: Rowohlt, 1997), *Die sexuellen Phantasien der Männer* (Reinbek bei Hamburg: Rowohlt, 1994)

Zum Thema weiblicher Orgasmus und Frigidität siehe Frank Caprio, *The Sexually Adequate Woman* (New York: The Citadel Press, 1963); Marie Bonaparte, *Female Sexuality* (New York: Grove Press, 1953); Anne Koedt, «The Myth of the Vaginal Orgasm» in *Radical Feminism* (New York: Quadrangle, 1972); Alix Shulman, «Organs and Orgasms», in: *Women in Sexist Society: Studies in Power and Powerlessness,* hrg. v. Vivian Gornick und Barbara K. Moran (New York: Signet Books, 1972), S. 296.

Die Hite-Reports: Shere Hite, *The Hite Report on Female Sexuality* (New York: Dell, 1976). *The Hite Report on Male Sexuality* (New York: Ballantine, 1981). Deutsche Ausgaben: *Hite-Report: Das sexuelle Erleben der Frau* (München: Bertelsmann, 1977); *Hite-Report: Das sexuelle Erleben des Mannes* (München: Bertelsmann, 1981). Dazu auch Véronique Mottier, «The Politics of Sex: Truth Games and the Hite Reports», *Economy and Society*, 24, 4 (1995): S. 520-39.

Politischer Lesbianismus: Leeds Revolutionary Feminist Group, *Love Thy Enemy? The Debate between Heterosexual Feminism and Political Lesbianism* (London: Onlywomenpress, 1981). Adrienne Rich, «Compulsory Heterosexuality and Lesbian Existence», *Signs, 5, 4,* (1980), S. 631-60. Radicalesbians, «The Woman- Identified Woman», Flugblatt 1970. «Editorial», *Nouvelles Questions Féministes* 1. März 1981.

Sexuelle Gewalt: Susan Brownmiller, *Against Our Will: Men, Women, and Rape* (London: Secker & Warburg, 1975). Deutsche Ausgabe: *Gegen unseren Willen: Vergewaltigung und Männerherrschaft* (Frankfurt: S. Fischer, 1978). Andrea Dworkin, *Intercourse* (New York: Simon & Schuster, 1997 [1987]); deutsche Ausgabe: *Geschlechtsverkehr* (Hamburg: Klein, 1993). Susan Griffin, *Pornography and Silence* (New York: Harper & Row, 1981). Alternative Positionen siehe Lynne Segal, *Slow Motion: Changing Masculinities, Changing Men* (London: Virago, 1997).

Feministische Sexkriege: Lisa Duggan und Nan D. Hunter, *Sex Wars: Sexual Dissent and Political Culture* (New York: Routledge, 1995).

Zu Genitalverstümmelung bei Frauen siehe Gloria Steinem und Robin Morgan, «The International Crime of Genital Mutilation», in: *Outrageous Acts and Everyday Rebellions,* hrg. v. Gloria Steinem (New York: Holt, Rinehart, and Winston, 1983), S. 292-8. Alice Walker, *Possessing the Secret of Joy* (London: Jonathan Cape, 1992); deutsche Ausgabe: *Sie hüten das Geheimnis des Glücks* (Reinbek: Rowohlt, 1992). Alice Walker und Pratibha Parmar, *Warrior Marks: Female Genital Mutilation and the Sexual Blinding of Women* (San Diego: Harvest, 1993); deutsche Ausgabe: *Narben oder die Beschneidung der weiblichen Sexualität* (Reinbek: Rowohlt, 1996). Siehe auch Nontsasa Nako «Possessing the Voice of the Other: African Women and the ‹Crisis of Representation› in Alice Walker's Possessing the Secret of Joy», in: *Jenda – A Journal of Culture and African Women's Studies,* 1, 2 (2001).

Kapitel 4

Das Eingangszitat stammt aus Angela Franks, *Margaret Sanger's Eugenic Legacy: The Control of Female Fertility* (Jefferson: McFarland, 2005), S. 34.

Die sexuelle Revolution war heterosexuell; siehe Sheila Jeffreys, *Anticlimax: A Feminist Perspective on the Sexual Revolution* (London: The Women's Press, 1990), S. 110.

Aids und die unvollendete sexuelle Revolution siehe Jeffrey Weeks, *Sex, Politics and Society: The Regulation of Sexuality since 1800,* 2nd edn (Harlow: Longman, 1998), S. 302.

Amerikanische Sexualwissenschaften und die Reaktion auf Aids, siehe Janice M. Irvine, *Disorders of Desire: Sex and Gender in Modern American Sexology* (Philadelphia: Temple University Press, 1990). William Masters, Virginia Johnson und Robert Kolodny, *Crisis: Heterosexual Behavior in the Age of Aids* (New York: Grove Press, 1988).

Feministische Aids-Forschung: Janet Holland, Caroline Ramazanoglu, Rachel Thomson und Sue Sharpe, *The Male in the Head: Young People, Heterosexuality and Power* (London: The Tufnell Press, 1998).

Michel Foucault, «Non au sexe roi», in: *Dits et escrits 1954–1988 par Michel Foucault,* Bd. 3, hrg. v. Daniel Defert und François Ewald (Paris: Gallimard, 2004), S. 256-69.

Die ersten drei Zitate von Auguste Forel stammen aus *Le rôle de l'hypocrisie, de la bêtise et de l'ignorance dans la morale contemporaine*

(Lausanne: Libre Pensée Internationale, 1916), das letzte Zitat stammt aus *La morale en soi* (Lausanne: Administration de la libre pensée, 1910).

Zur Eugenik in der Schweiz siehe Véronique Mottier und Laura von Mandach (Hrg.), *Eugenik und Disziplinierung in der Schweiz: Integration und Ausschluss in Psychiatrie, Medizin und Fürsorge* (Zürich: Seismo, 2007). In diesem Buch finden sich aktuelle Recherchen von Regina Wecker, Jakob Tanner, Roswitha Dubach, Marietta Meier, Beatrice Ziegler und Gisela Hauss. Siehe auch Véronique Mottier, «Eugenics and the Swiss Gender Regime: Women's Bodies and the Struggle against ‹Difference›», in: *Revue Suisse de Sociologie*, 32, 1 (2006), S. 253-67; Natalia Gerodetti, «From Science to Social Technology: Eugenics and Politics in Twentieth-Century Switzerland», in: *Social Politics: International Studies in Gender, State and Society*, 13, 1 (2006), S. 59–88 sowie «Eugenic Family Politics and Social Democrats: ‹Positive› Eugenics and Marriage Advice Bureaus», in: *Journal of Historical Sociology,* 19, 3 (2006), S. 217-44; Gilles Jeanmonod und Geneviève Heller, «Eugénisme et contexte socio-politique: l'exemple de l'adoption d'une loi sur la stérilisation des handicapés et malades mentaux dans le canton de Vaud en 1928», in: *Revue d'histoire suisse,* 50 (2000), S. 20–44. Das Zitat aus Werner Schmids Propagandaschrift «Jung- Schweizer! Jung-Schweizerinnen! Das Schicksal des Vaterlands ruht in Euch!» (1939) stammt aus Thomas Huonker, *Diagnose: «Moralisch Defekt». Kastration, Sterilisation und Rassenhygiene im Dienst der Schweizer Sozialpolitik und Psychiatrie 1890–1970* (Zürich: Orell Füssli, 2003), S. 208. www.books. google.de/books?isbn=3280060036.

Eugenik in Skandinavien: Gunnar Broberg und Nils Roll-Hansen, *Eugenics and the Welfare State: Norway, Sweden, Denmark, and Finland* (Michigan: Michigan State University Press, 2005).

Eugenik und die Sozialdemokratie: Diane Paul, «Eugenics and the Left», in: *Journal of the History of Ideas*, 45, 4 (1984), S. 567-90. Véronique Mottier und Natalia Gerodetti, «Eugenics and Social Democracy: or How the Left Tried to Eliminate the ‹Weeds› from its National Gardens», in: *New Formations*, 60 (2007), S. 35–49.

Eugenik in den Vereinigten Staaten: Wendy Kline, *Building a Better Race: Gender, Sexuality and Eugenics from the Turn of the Century to the Baby Boom* (Berkeley: University of California Press, 2001).

Weibliche Sexualität und Nationalismus: Nira Yuval-Davis, *Gender and Nation* (London: Sage, 1997).

Schweizer Zwangsadoptionen: Walter Leimgruber, Thomas Meier und Roger Sablonier, *Das Hilfswerk für die Kinder der Landstrasse* (Bern: Schweiz. Bundesarchiv, 1998).

Hirschfelds Zitat stammt aus dem postum in England erschienenen Sammelband *Racism* (London: Gollancz, 1938).

Kapitel 5

Das Eingangszitat stammt von Jeffrey Weeks, *Sexuality* (London: Routledge), S. 77. Das Folgezitat findet sich auf S. 80.

Wie ihre männlichen Pendants: David Reuben, *Everything You Ever Wanted to Know About Sex But Were Afraid to Ask* (London: W.H. Allen, 1970), S. 215. Deutsche Ausgabe: *Alles was Sie schon immer über Sex wissen wollten, aber bisher nicht zu fragen wagten* (München: Droemersche Verlagsanstalt Knaur, 1972).

Zur Debatte um «Schwulenehe» siehe Claire R. Snyder, *Gay Marriage and Democracy: Equality for All* (Lanham: Rowman &Littlefield, 2006).

Zum Schutzalter siehe Matthew Waites, *The Age of Consent: Young People, Sexuality and Citizenship* (New York: Palgrave MacMillan, 2005). Joshua Gamson, «Messages of Exclusion: Gender, Movements, and Symbolic Boundaries», in: *Gender and Society,* 11, 2 (1997), S. 178-99.

Zum Separatismus siehe Eve Kosofsky Sedgwick, *Epistemology of the Closet* (Berkeley: University of California Press, 1990), S. 88–90 sowie Jill Johnson, *Lesbian Nation* (New York: Simon & Schuster, 1973).

Zum Neuheidentum siehe Zsuzsanna Budapest, *The Holy Book of Women's Mysteries* (Oakland, California: Wingbow Publishers, 1989).

Zur «Post-Identität» siehe Diana Richardson, *Rethinking Sexuality* (London: Sage, 2000), S. 38-9. Carol Queen und Lawrence Schimel (Hrg.), *PoMosexuals: Challenging Assumptions about Gender and Sexuality* (San Francisco: Cleis Press, 1997), S. 13–14.

Zu «progressiven» Moralvorstellungen siehe Jeffrey Weeks, *Invented Moralities: Sexual Values in an Age of Uncertainty* (Cambridge: Polity Press, 1995).

Andrew Sullivan, *The Conservative Soul: How We Lost It, How to Get It Back* (New York: Harper Collins, 2006).

Zu Sexualität und Ethnie siehe Edward W. Said, *Orientalism* (London, Routledge & Kegan Paul, 1978); deutsche Ausgabe: *Orientalismus* (Frankfurt: Ullstein, 1981). Margaret Mead, *Coming of Age in Samoa: A Psychological Study of Primitive Youth for Western Civilization* (New York: Perennial, 2001 [1928]); deutsche Ausgabe: *Jugend und Sexualität in primitiven Gesellschaften. Teil 1: Kindheit und Jugend in Samoa* (Eschborn: Klotz 2002). Bronislaw Malinowski, *The Sexual Life of Savages* (Boston: Beacon Press, 1987 [1929]); deutsche Ausgabe: *Das Geschlechtsleben der Wilden in Nordwest-Melanesien* (Leipzig : Grethlein & Co., 1930).

Sexualität als «dichter Durchgangspunkt»: Michel Foucault, *Sexualität und Wahrheit.* Band 1: *Der Wille zum Wissen* (Frankfurt am Main: Suhrkamp, 1983), S. 125.

Sexualität als «formbarer Aspekt des Selbst»: Anthony Giddens, *The Transformation of Intimacy: Sexuality, Love and Eroticism in Modern Societies* (Cambridge: Polity Press, 1992), S. 15.

Ulrich Beck und Elizabeth Beck-Gernsheim, *Das ganz normale Chaos der Liebe* (Frankfurt: Suhrkamp, 1990).

«Geschlecht ist kein Synonym für Frau»: Terrell Carver, *Gender is Not a Synonym for Women* (Boulder, Colorado: Lynne Rienner, 1996).

Fließende Sexualität: Zygmunt Bauman, *Liquid Love: On the Frailty of Human Bonds* (Cambridge: Polity Press, 2003).

Ratgeber: Dan Savage, *Skipping Towards Gomorrah: The Seven Deadly Sins and the Pursuit of Happiness in America* (New York: Plume, 2002).

Orgasmus: Shere Hite, *The Hite Report on Female Sexuality* (New York: Dell, 1976), S. 222.

Sexuelle Vielfalt und Macht: Ken Plummer, «Sexual Diversity: A Sociological Perspective», in: *Sexual Diversity,* hrg. v. Kevin Howells (Oxford: Blackwell, 1984), S. 219.

Sexualpolitik: Terrell Carver und Véronique Mottier (Hrg.), *Politics of Sexuality: Identity, Gender, Citizenship* (London: Routledge, 1998).

Register